Klaus P. Fischer

CHRISTLICHE PROVOKATIONEN

Klaus P. Fischer

CHRISTLICHE PROVOKATIONEN

Fromm Verlag

Imprint
Any brand names and product names mentioned in this book are subject to trademark, brand or patent protection and are trademarks or registered trademarks of their respective holders. The use of brand names, product names, common names, trade names, product descriptions etc. even without a particular marking in this work is in no way to be construed to mean that such names may be regarded as unrestricted in respect of trademark and brand protection legislation and could thus be used by anyone.

Cover image: www.ingimage.com

Publisher:
Fromm Verlag
is a trademark of
Dodo Books Indian Ocean Ltd. and OmniScriptum S.R.L publishing group

120 High Road, East Finchley, London, N2 9ED, United Kingdom
Str. Armeneasca 28/1, office 1, Chisinau MD-2012, Republic of Moldova, Europe
Printed at: see last page
ISBN: 978-613-8-37878-5

Klaus P. Fischer

CHRISTLICHE

PROVOKATIONEN

VORWORT

Der vorliegende, als *Christliche Provokationen* betitelte Band folgt der früher vorgelegten Sammlung mit dem Titel *Biblische Provokationen* nach. Die unter das Leitwort *Provokationen* gestellten Texte haben untereinander einen lockeren thematischen Zusammenhang. Allen geht es um den Ort und um die Herausforderung des christlichen Glaubens durch die modern-aktuelle Welt.

Die prekäre Stellung des Glaubens in dieser Welt wird offenkundig etwa in den massenhaften Austritten von Christen - evangelischen wie katholischen - aus ihrer Kirche.

Ursachen und Gründe dafür sind zuletzt die abgründige Enttäuschung vieler Getaufter über Verbrechen nicht weniger Amts-, Sendungs- und Rollenträger in den Kirchen, die dabei häufig den Unglauben bzw. schwachen Glauben derer verraten, deren Beruf es wäre, für das Anziehende, Not*wendige* und Frohmachende des Evangeliums einzustehen.

Der tiefere Grund aber liegt wohl in der heutzutage vielfach für unglaubwürdig gehaltenen Jesus-Botschaft. Diese kann sich nur mühsam gegen die Plausibilitäten und Rechenexempel des Weltbildes einer säkular-aufgeklärten Gesellschaft behaupten.

Dies zeigt sich exemplarisch in dem seit Jahrzehnten zurückgehenden Empfang der Sakramente, allen voran der Taufe. Es erscheint unter anderem aber auch in der zunehmend gleichgültigen Akzeptanz des Todes (ein "natürlicher Vorgang"), begleitet vom auffällig zunehmenden Begehren vieler Menschen nach anonymer Bestattung. Viele scheinen damit die Auflösung des Individuums, so auch des persönlichen Gedenkens bewusst in Kauf zu nehmen, wenn nicht gar zu erstreben. Etliche sehen sich nur noch als kosmischen Staub: ohne tieferen Sinn und bleibende Bedeutung: "Staub bist du, und zum Staub kehrst du zurück!" Einen "Sündenfall" der Menschheit hält man für glaubwürdiger als eine einem Gott verdankte, höhere Berufung.

Viele scheinen innerlich jenes Bild vom Menschen zu teilen, das ein Molekülforscher bereits vor Jahrzehnten formulierte: der Mensch sei ein „Zigeuner am Rande des Universums, das für seine Musik taub ist und gleichgültig gegen seine Hoffnungen, Leiden oder Verbrechen".

Man solle sich nicht (zu) wichtig nehmen und "nicht mehr wollen, als einem zusteht", sagen die Leute und schlagen höhere Erwartungen und Hoffnungen aus. Über den Ertrag ihres Lebens sitzen sie selber zu Gericht: ´Delinquent` und Richter in einer Person.

Damit ist der emanzipierte Mensch der Aufklärung an das Ende seiner Entwicklung gekommen.

Diese Art von Entwicklung setzt die in ihrer Kirche verbleibenden Christen unter Druck: wie sollen sie sich gegen die Plausibilitäten, die der *mainstream* setzt, guten Gewissens behaupten? Wie ihren verunsicherten Glauben buchstabieren und *essentials* erklären: sich selbst und anderen? Verfügen wir vielleicht über eine tiefe, tief innerliche Erfahrung, die uns hilft, biblisch-christliche Kundmachungen und Bilder mit elementar-menschlichen Lebens- und Selbst-Erfahrungen zusammenzuführen und eines aus dem anderen zu erhellen?

Dies könnte eine Über-Lebensfrage für heutige, gläubige Christen sein. Vielleicht können die nachfolgenden, meist kurzen, weniger systematischen als assoziativen Beiträge eine Art ´Überlebenshilfe` für gestresste, angefochtene Christen sein.
Sie benötigen allerdings aufmerksame, zu Nachdenken bereite Lektüre.

Heidelberg, im Juli 2024   *Der Verfasser*

INHALT

GOTT SUCHEN

Im 1. Rundschreiben nach seiner Wahl zitiert Papst *Franziskus* einen Gedanken des frühchristlichen Bischofs und Lehrers *Irenäus von Lyon*: *Abraham* habe seine Heimat verlassen und die ganze Welt durchstreift, um Gott zu suchen.

Und weil Gott Erbarmen mit diesem Sucher hatte, offenbarte er sich ihm. Soweit *Irenäus*.

Heutige Menschen mag das befremden. Dort, wo er herkam, hatte *Abraham* alles – auch Religion. Die sumerische Heimat war nicht gott*los*, sie kannte viele Götter, und Religion, nämlich die Verehrung wichtiger Götter, war Brauch in Staat und Gesellschaft.

Und doch – so geht es auch heute manchen Menschen – konnte die angestammte Art von Religion *Abraham* nicht befriedigen. Die Unruhe im Herzen ging über in den Aufbruch ins Offene und in eine lange Wanderung. Er folgte dem inneren Ruf und „zog aus, ohne zu wissen, wohin er kommen würde" (Hebr 11,8), vertrauend auf den Unsichtbaren, von dem nur das Herz etwas ahnt.

Diese Grundeinstellung, selbst ohne klares Gegenüber, nennt die Bibel *Glauben*.

Abrahams Weg ist untypisch - wenigstens äußerlich - für heutige Menschen. Niemand muss ausziehen und in die Ferne reisen, um eine Religion zu finden.

Seit langem liefern Medien und Migranten den Leuten alle Arten von Religionen und Weltanschauungen ins Haus. Das ist bequem – man lebt ja in einer Art Supermarkt von Religionen und Weltanschauungen – und um Streit auszuschließen, heißt man schlicht alle Religionen gleich willkommen und gut – man will und soll tolerant sein.

Das ist aber nicht schon modern, denn bereits die spätantike Welt hatte ein Überangebot an Religionen. Ein Bürger des römischen Reiches hatte die Qual der Wahl auf der religiösen Speisekarte. Religiöse Toleranz war für das römische Weltreich lebenswichtig.

Nicht zufällig fragt *Pilatus* Jesus beim Verhör: „Was ist Wahrheit?" Für ihn gab es viele Wahrheiten, zumal religiöse, und sie vertrugen sich nicht leicht miteinander.

Der Gott der Bibel ist aber in einem entscheidenden Punkt anders.

Schon *Mose* mahnt die Israeliten, sie sollten, wenn sie in Ländern mit vielen Göttern lebten, JHWH, „deinen Gott", suchen. Sie würden ihn finden, wenn sie sich mit ganzem Herzen bemühten (Dtn 4,29).

Der Prophet *Jeremia* beschwört die Verbannten: „Wenn ihr mit ganzer Seele den Herrn sucht, lässt er sich von euch finden!" (29,13)

Jesus gibt Echo, als er die Jünger beten lehrt: „Sucht, dann werdet ihr finden" - den „Vater" und seine Barmherzigkeit (Mt 7,7).

Der Gott der Bibel, Gott auch des christlichen Glaubens, ist also nicht einfach offenbar oder offenkundig, sodass man mit etwas Schul-Bildung hinlänglich über ihn Bescheid wüsste.

Das zeigen auch viele Streitgespräche, die Jesus mit jüdischen Gegnern führen muss.

Diese sind gebildet, beurteilen Jesu Worte nach Kopfwissen, stören sich an seinem Sendungsbewusstsein.

Einfacher gesagt: Sie *suchen* Gott *nicht*, nicht *mehr*, überzeugt, Gott schon zu „haben", schon zu kennen, Bescheid zu wissen.

So lassen sie Jesus abblitzen: „der ist nicht richtig im Kopf", „der hat einen bösen Geist", u.ä.

Wer auf eine ehrliche Suche geht, wer den Gott Jesu sucht, ihn immer wieder aufs Neue sucht, wer sich anrühren lässt von der *Unruhe seines Herzens*, dessen wird Gott sich erbarmen und ihm sich eröffnen – stets etwas mehr, sodass der suchende Glaubenswillige mit der Zeit immer etwas mehr von Gott versteht, den Sinn seiner Weisungen, die Tragweite seines Wortes – und wird sich darüber klar werden, dass er ein Leben lang mit Gott „nicht fertig wird".

Es ist ähnlich wie in echter Partnerschaft und Freundschaft: für wahres Verstehen brauchst du Zeit, Geduld und die Bereitschaft, dich zu ändern, zu *reifen.*

Ein Mensch wird so auch verstehen, dass Gott sich seinem *Herzen* offenbart, nur nebenbei auch dem Verstand.

Am Ende wird sich zeigen: je mehr der Gottsucher sich in seinem Herzen von *Erbarmen und Güte* ergreifen und durchdringen lässt, umso wahrer hat er Gott gefunden und Gott ´verstanden`.

SIND GLÄUBIGE "VON GESTERN"?

Unbedacht nehmen wir, sogar als Glaubende, noch immer einen geozentrischen und egozentrischen Standpunkt ein.

Unwillkürlich, in unseren Gefühlen, lassen wir die Sonne und das Weltall um uns kreisen und erwarten von Gott, dass er uns entsprechend behandelt (dass Er also auch um uns kreise) ...

Diese Sicht entspricht zunächst nicht unserem kosmischen Bewusstsein von heute.

Sehr zurecht formuliert Papst *Franziskus* in seinem Rundschreiben *Laudato si`*: "Der letzte Zweck der anderen Geschöpfe sind nicht wir".

Man muss diesen Aspekt der Frohbotschaft würdigen!
Viele Leute erwarten, dass Gott sie behandle, als wäre im obigen Zitat das Wörtchen "nicht" gar nicht da. Und zwar erwarten das die Leute von Gott auch *ohne an ihn zu glauben*: als Vorbedingung für Glaube.

In Wahrheit gilt zumal vor dem anonymen kosmischen Horizont und der kosmischen Evolution, dass wir zunächst die relative Selbstständigkeit von Kosmos und Evolution akzeptieren und das Evangelium Jesu vom "Vater Unser" als Geheimnisgrund und rettende Zuflucht erkennen und annehmen.

Der Philosoph *Robert Spaemann* zitiert einmal *Thomas von Aquins* Lehre (in der *Summa contra Gentiles*) von den *zwei* Willen Gottes: der eine, der des Schöpfers, gilt dem Universum und seiner geschaffenen Selbständigkeit, der andere Wille Gottes gilt uns, unserem Glauben, unserem Verhalten, unserem Heil (*Martin Luther* vertrat eine ähnliche Anschauung).

Wie die zwei Willen harmonieren oder ineinander greifen, fassen wir schlecht (dafür sind wir zu winzig), doch hat Glaubenserfahrung intuitiv eine Lösung gefunden: in dem von *Paul Claudel* zitierten Sprichwort aus Portugal: "*Gott schreibt auch auf krummen Zeilen gerade*": für uns, in Respektierung seiner eigengesetzlichen Schöpfung.
Also liegt der Trost für Christen unverändert in der Annahme des Evangeliums und des Gottes des Evangeliums und der Verheißung, am Ende bei Gott aufgehoben zu sein, wie Jesus es Martha klarzumachen sucht.

Unser persönliches Schicksal und das des Kosmos sind verschiedene Dinge!

Die Einsicht der Demut: Du bist nur ein Stäubchen im Weltall, aber es gibt Einen, für den bist du kostbar über irdisches Andenken hinaus, wenn es dir gelingt, dich an Ihm festzuhalten ...

WIE "LIEB" IST DER "LIEBE GOTT" ?

Liebt Ihr Gott auch jemanden wie mich?, fragte mich vor Jahren ein selbstbe-
wusster Mann "aus dem Osten": ungetauft, ohne Konfession; aber handfest,
Vater einer Tochter, die eine auch "im Westen" anerkannte, hervorragende
Ärztin geworden war.
Darin steckt die Grundfrage eines jeden Menschen.
"Lieben" verstand der Fragesteller nicht emotional, sondern konkret, grund-
sätzlich, ganz praktisch: Werde ich bejaht? Bin ich angenommen? Darf ich
"Ich" sein vor eurem Gott und bei euch?
Die Frage des Mannes war wohl *auch* politisch gemeint ...
Nehmen wir sie hier als Frage zum Glauben und setzen elementar an.
Wo eine Mutter zum kleinen Kind sagt: Du bist lieb! behütet! Ich bin bei dir,
bin für dich da!, ist dies - auch wenn niemand so tief denkt - das erste
Zeugnis für Gott und von Gott.
Gott liebt uns beinhaltet zuallererst: *Gott will, dass wir leben!* Wir, jede(r) von
uns, auch individuell verstanden.
Wenn Jesus den Jüngern - den Christen - aufträgt "Liebt einander!", meint er:
"Helft einander leben! Teilt Leben miteinander!"
Das ist in Seuchen- oder in Kriegs-Zeiten mühsamer als sonst, dann aber
auch besonders fordernd: Tu, was du kannst, damit *auch andere* am Leben
bleiben, damit sie nicht verbittern, verzweifeln, aufgeben! "Einer trage des
anderen Last!" (Gal 6,2)
Du bist, weil du geliebt bist! Du bist am Leben, weil du geliebt bist! Anders
wärest du nicht da!
Wir Menschen geraten immer wieder in Situationen, wo diese ursprüngliche
Gewissheit fraglich wird und sich verdunkelt. Dann drohen Zusammenbrüche,
auch Suizide.
Ganz elementar gesagt: wir haben Menschen um uns, Mitmenschen, damit
sie uns in Wort oder Geste oder Tat immer wieder fühlbar und verständlich
machen: Es ist gut, dass es dich gibt! In ihnen gibt Gott uns zu verstehen: Es
ist gut, dass es dich gibt!
Sollten wir diese so *frohe Botschaft* nicht auch öfter in unseren Kreisen
weitergeben?!

DAS LEBEN TEILEN ?

Ohne das schockierend klingende Prinzip "Fressen und Gefressenwerden"
würden wir verhungern (und mit uns die anderen Lebewesen), die fleischlose
Nahrung ist nach Gen 1ff und *Jesaja* paradiesisch (aber auch Pflanzen sind
lebendig!). Die Erfahrung *ein jedes lebt von einem anderen* ist so alt wie die
Welt, zeigt sich jedoch auf ständig variierendem Niveau,
Die Beobachtung der Gruppen- oder Herdentiere lehrt uns: Erst auf dem
Niveau des freien Willens gibt es die Fähigkeit, das eigene "Fressen" zu
teilen - wie wir es in edelster Form bei Jesus sehen: "Mein Leib, mein Blut -
für euch" (aber auch die Abwehr der Misstrauischen: "Wie kann uns dieser
sein Fleisch zu essen geben!?")
Fressen und Gefressenwerden gehört zur Sorge des Schöpfers für seine
Geschöpfe (bei begrenzten oder endlichen Ressourcen)!
Und was *Darwin* (übrigens war er Theologe!, kein Zoologe) und sein Prinzip
"survival of the fittest" angeht:
ohne diesen Grundsatz hätte es uns nie gegeben - oder wären wir längst
nicht mehr am Leben ... (Ärzte helfen uns ja die längste Zeit, wieder "fit", ja
"fittest" zu werden).
Was hat - mitten in diesem vielfältig-unübersichtlichen Betrieb - die Seelsorge
zu suchen?!
Seelsorger möchten Menschen, die dafür zugänglich sind, helfen, im Blick auf
"Unser(en) Vater" und auf Jesus den Härten des Daseins standzuhalten und
sie vertrauend zu bewältigen (in der sublimsten Form von "fitness").
Im Alter werden die Langlebigen schwächer, kommen nicht mehr mit, machen
Platz für Jüngere und Junge: *for the fittest*! -
Auch das heißt "das Leben teilen"! Alles was lebt, lebt von anderen!
Voneinander!
Leben miteinander teilen ist ein Weltgesetz.

´URKNALL` DER LIEBE ?

„Noch ehe Ich dich im Mutterleib formte, habe ich dich ausersehen!"
Mit diesem Wort begründet der Prophet Jeremia im 6. Jahrhundert v.Chr
seine Berufung zum Propheten durch Gott. In Gottes Auftrag soll er Könige,
Beamte und Priester von Juda mahnen und warnen.
Dieser Text macht zwei Dinge deutlich, die für unsere Zeitgenossen gar nicht
mehr selbstverständlich sind: Gott erschafft den Menschen, jeden Einzelnen;
Er beruft ihn zu einem Auftrag.
So etwas hört man heute gar nicht gern, ja weist es zurück: *Nicht Gott* schafft
den Menschen, *die Natur* macht es, der Kosmos!
Insgeheim weiß man: Wenn man Gott als Schöpfer anerkennt, hat das Kon-
sequenzen, dann ist man auch Gottes Wort und Weisung ausgesetzt!
Auch Jesus erntet heute bei den Leuten nicht weniger Skepsis als damals in
der Synagoge von Nazaret.
Blaise Pascal (17.Jh), das mathematische und religiöse Genie, ahnte die
moderne Kosmologie voraus:
Wenn ich die kurze Dauer meines Lebens betrachte, ... den kleinen Raum,
den ich ausfülle, und selbst den, den ich erblicke, der in der grenzenlosen
Weite der Räume untergeht, von denen ich nichts weiß und die von mir nichts
wissen, erschrecke ich und staune, dass ich mich eher hier als dort sehe ...
Wer hat mich hierhin gestellt? Auf wessen Weisung und Führung wurden mir
dieser Ort, diese Zeit zugewiesen?[1]
Das grenzenlose Weltall macht uns unsere Winzigkeit und Unerheblichkeit
bewusst.
Ein berühmter Astrophysiker erklärte vor Jahren, der freundlich-heimelige
Anblick der Erde täusche: unsere Zukunft sei das Weltall, aber das Weltall
gehe – und wir mit ihm – „seiner Auslöschung durch unendliche Kälte oder
unerträgliche Hitze entgegen", erscheine also „sinnlos".[2]
Ein anderer Wissenschaftler nannte den Menschen einen „Zigeuner", ziellos
umherirrend in einem Weltall, das taub sei und uninteressiert an seinen
Hoffnungen, Taten und Leiden. Viele Wissenschaftler von heute, die Gott
verneinen, zahlen dafür wissentlich den Preis, erklären zu müssen, dieses
Weltall, das Leben und der Mensch darin hätten keinen Sinn: *kein Gott*, der
schafft und beruft, *kein Sinn* für das Leben, für die Hoffnungen und Sehn-
süchte der Menschen.
Vor der Grenzenlosigkeit des Weltalls kann auch Christen das Gefühl
beschleichen, davor versinke die biblische Botschaft ins Bedeutungslose:
Was sind 2000, was 4000 Jahre Bibel und biblische Geschichte gegen die
Milliarden Jahre des Kosmos und seiner Prozesse!? Ist dieser *un*endliche
Kosmos nicht selbst göttlich, viel wunderbarer als der Gott der Bibel ? Ist das
Universum mit der kalten Schönheit rotierender, fliehender Spiralnebel im

---

1   *B. Pascal*, Pensées fr.205 (Paris 1988); eig. Übersetzung
2   *St. Weinberg*, Die ersten drei Minuten (dt. München-Zürich 1977), 212f

schwarzen, fast leeren Raum nicht grandioser als die kleine Welt der Bibel?
So denkt und fühlt ein breites Publikum.

Nun dokumentierte vor Jahren die Zeitschrift *GEO* ein Gespräch zwischen
dem *Dalai Lama* und europäischen Physikern und monierte kritisch, seit der
"Aufklärung" dominiere der wissenschaftliche Verstand die moderne Welt –
und nähre gleichzeitig ein Unbehagen: *Auch wenn das letzte Gen kartiert, der
längste Elektronenbeschleuniger gebaut, die teuerste Weltraumstation
installiert sein wird, bleiben wesentliche Fragen offen. Denn den Hunger nach
Sinn kann wissenschaftlich-technische Forschung nicht stillen.*[3]

Soweit GEO. Wie kann man weiter denken?

Vermutlich haben Sie schon einmal eine Farbaufnahme des *Andromeda*-
Nebels gesehen. Er ist der Nachbar der „Milchstraße", mehr als 2 Mio Licht-
jahre entfernt. Die Aufnahme zeigt ihn also, wie er vor 2 Mio Jahren war (so
lange war sein Licht unterwegs). Wir sehen ihn nicht *heute,* sondern in der
Vergangenheit, vor 2 Mio Jahren.

Der Andromeda-Nebel auf dem Foto war gleichzeitig etwa mit der Eiszeit, als
es den Homo sapiens – uns – noch nicht gab, nur Vorfahren, Vor-Menschen.
Wir werden so erinnert an die lange Werde-Geschichte unserer Art auf Erden.
Zugleich sind wir – so versichern uns Kosmologen – „Kinder des Weltalls": im
Rahmen von Geburt und Tod der Sterne entstanden die Elemente, aus denen
die Erde, die Lebewesen, auch wir bestehen. So gesehen sind wir – jede(r)
von uns – ein Produkt des Kosmos (der interstellaren Materie), ein spätes
Konglomerat aus Elementen der Erde.

Doch dieses Konglomerat, dieses Produkt stellt Fragen. In seinem Geist
spiegelt sich ja das Weltall. Es möchte *wissen* – wissen, woher es kommt,
wer und was es ist, was es soll, wozu es ist, was aus ihm wird.

Sinnlose Fragen?

Kein Geringerer als der berühmte Physiker *Werner Heisenberg* betonte das
Recht der biblischen Botschaft, ihrer „Bilder und Gleichnisse": sie wecken
„das Vertrauen in die Welt", „in den *Sinn* unseres Daseins in ihr".[4]

Und *Pascal,* der geniale Mathematiker, stellte dem mathematisch-rationalen
Denken eine andere wichtige Gabe des Menschen gegenüber: Das Sehen
und Verstehen mit dem „Herzen": „Das Herz hat seine Verstehensgründe, die
der Verstand gar nicht fasst; das Herz ist es, das Gott erspürt, nicht der
Verstand".[5]

Wissenschaft befasst sich mit Teilen, Ausschnitten der Welt. ´Urknall`, Sterne,
Elemente, Vormenschen, usw: lauter Teilgrößen unserer Werde-Geschichte.
Naturgeschichtlich sind wir „Kinder des Weltalls".

Schaudernd vor dem grenzenlosen Raum, wie *Pascal,* fragt auch der heutige
Mensch: Wer hat mich hierhin gestellt – an diesen Ort, in diese Zeit, *mich,* ein
„Nichts vor dem Unendlichen"?

Die einen sagen: *Niemand*! Dass wir überhaupt da sind, du und ich, ist Zufall.

---

3 *GEO* 1999 Nr.1, 128f
4 *W. Heisenberg,* Naturwissenschaftliche und religiöse Wahrheit, in: Schritte über Grenzen (München 1984), 306
5 *B. Pascal,* Pensées fr.277 (Paris 1988), eig. Übersetzung

Eine Laune der Natur. Ein Überschussprodukt des Kosmos. Sind wir tot, „wird es sein, als wären wir nie gewesen" (vgl. Wsh 2,2).
Andere sagen: Es stimmt – naturgesetzlich betrachtet, sind wir ein winziges, unwahrscheinliches Produkt: ein „Nichts vor dem Unendlichen".
Doch eben dies *könnte* das *Wunder der Liebe* sein! Das Unwahrscheinliche, Unnötige, das Geschenk gehört ja zum Raum ihrer Freiheit, der Freiheit der Liebe! Liebe *kann das*, macht ein „Nichts" zum „Alles", zu „meinem Ein und Alles".
Für Naturforscher sind wir „Sternenstaub". Doch ´Kinder einer Liebe` ? Für diese Art Antwort – „Kinder der Liebe" – ist die Kosmologie nicht zuständig. Die Erkenntnis, wir Menschen seien „Kinder der Liebe", kann nur aus einer unerwarteten Botschaft, einer „Frohen Botschaft" kommen: Ihr seid nicht bloß eine „Spottgeburt von Dreck und Feuer" („Faust"), seid keine Totgeburt des Kosmos! Ihr dürft euch verstehen als „Kinder des Weltalls *und* der Liebe" und aus dieser Gewissheit leben! Ihr seid Geliebte! Deshalb aber *auch zur Liebe Fähige und Berufene*!
Liebend sollt ihr reifen zur Gerechtigkeit, Rücksichtnahme, Uneigennützigkeit, Güte zueinander, wozu euch der Apostel Paulus aufruft (1Kor 13,4-13).

"DIE LIEBE IST AUS GOTT"

Wir hören oder lesen "Die Liebe ist aus Gott und jeder, der liebt, stammt von Gott und erkennt Gott" (1 Joh 4,7-8). Und Jesus trägt den Jüngern auf "Liebet einander!" (Joh 13,14) Als ob das so einfach wäre!

Vor etlichen Jahren, bald nach der "Wende", befand ich mich in einer ostdeutschen Gesellschaft, einer Hochzeitsgesellschaft. Der Bräutigam aus dem Westen ehelichte eine Braut aus dem Osten. Zentrales Thema des Tages und des Anlasses war natürlich *die Liebe,*

Zu Mittag kam ich an den Tisch der Brauteltern zu sitzen. Der Brautvater, ein handfester Mann, ergriff die Gelegenheit und sprach mich an: "Wissen Sie, ich bin kein Christ, habe keinen Glauben. Ich brauche das nicht. Aber sagen Sie mir: Liebt Ihr Gott auch jemanden wie mich?"

Ich sagte: Gott liebt auch Sie! Unbedingt! Das ist die grundlegende Antwort. Als Christ hätte ich noch mehr zu sagen. Aber auf diesem Grund-Satz baut alles auf: dass Gott jeden liebt, auch Sie!

Damit war der Mann zufrieden, und das Gespräch wandte sich anderen Dingen zu. Natürlich hätte ich mehr zu sagen gehabt und ließ es auch durchblicken. Aber ich sprach es nicht aus. Als Missionar war ich nicht eingeladen.

Liebt Gott auch jemanden wie mich?

An einer Schule, wo ich eine Zeitlang unterrichtete, war eine Sekretärin tätig, die sich für modern hielt, emanzipiert. Für Kirche und Glaube hatte sie nur Spott. Unser Kontakt war freundlich-normal. Eigentlich sei ich sympathisch, äußerte sie einmal halblaut zu Kollegen, wenn er nur nicht diesen komischen Beruf hätte ...!

In schon vorgerücktem Alter wurde sie schwanger. Als die Entbindung bevorstand, lief ich ihr über den Weg, und sie bat spontan, ja ängstlich: "Beten Sie für mich, dass alles gut geht!"

Unverhofft war sie in eine Situation geraten, wo sie sich *abhängig* spürte, und damit stand Gott unvermittelt und ungeplant für sie im Raum. Es ging alles gut, mit dem gesunden Kind wurde sie zugewandter, ernsthafter. Sie hatte vielleicht zum ersten Mal eine schwache *Ahnung* von Gott empfangen, und nun war ihr ein Kind aufgetragen.

Liebt Gott auch jemanden wie mich?

Darin steckt eine Grundfrage für die meisten Menschen. "Lieben" nicht bloß im Gefühl, sondern konkret, praktisch, ja handfest: Werde ich bejaht? Bin ich angenommen? Darf ich "ich" sein unter uns, bei euch, in dieser Welt?

Angenommen-werden sucht schon das neugeborene Kind. Die Mutter gibt ihm zu verstehen: Du bist lieb! behütet! Hast du Hunger oder Angst: ich bin bei dir, bin für dich da!

Dies ist - auch wenn niemand explizit daran denkt - das erste Zeugnis für Gott - den Gott der Bibel.

Gott liebt uns - das bedeutet zuallererst: *Gott will, dass wir leben!* Will, dass wir einander das Leben gönnen, es einander zusprechen und schützen.

Wenn Jesus den Jüngern - den Christen - aufträgt "Liebt einander!", meint er zuallererst: "Helft einander leben! Teilt das Leben miteinander!"
Zueinander stehen, füreinander einstehen, einander ernstnehmen. Das ist jenseits frommer Worte das, was wir brauchen, was alle suchen. Das ist in Pandemie-Zeiten noch mühsamer als sonst, aber auch besonders fordernd: Tu, was du kannst, damit auch andere am Leben bleiben wie du! "Einer trage des anderen Last!"
Etwa: *Hätten Sie, hättest du Zeit?*
Zeit haben für jemanden ist eine der aktuellsten, der begehrtesten Formen von Nächstenliebe heute.
Tut mir leid, keine Zeit! Wie bitter zu hören kann das sein: Ich habe einen Termin! Bin verabredet! Muss dies und das bis morgen schaffen!
Schon *gestern* hätte ich dies, das erledigen sollen!
Auch wenn es so ist - wie bitter zu hören! Oft ist ja gemeint: Frag andere!
Lass mich in Ruh`! Du bist 'ne Zumutung und merkst es nicht!
Gar der unverhüllte Rat: Nehmen Sie sich doch ..., reiß dich doch zusammen! Behalt`s gefälligst für dich, wenn`s schlecht geht!
Menschen reden so, die nicht lieben wollen oder können - stets auf der Hut vor "Zumutungen".
Was man hören will und akzeptiert, ist der Satz "Danke! Alles im grünen Bereich!" --- Sag` bloß nichts anderes ... Viele lügen über sich aus Furcht, nicht akzeptiert, nicht anerkannt zu werden.
Wir dagegen könnten sagen: Ja, ich habe Zeit für dich (Sie) - jetzt nur kurz! Besser später! Machen wir einen Termin! Oder kann ich dich (Sie) anrufen?
Zeit haben ist kostbar, köstlich wie wohlschmeckendes Brot.
Der legendäre Frankfurter Pfarrer *Lothar Zenetti* übersetzte Jesu wunderbare Brotvermehrung als Botschaft von der "wunderbaren Zeit-Vermehrung".
Denn alle Menschen - grundsätzlich betrachtet - hungern nach Zeit!
Zenetti ließ Jesus zu den Jüngern sagen: "Warum sollen die Leute hungrig nach Hause gehen? Gebt ihnen doch von eurer Zeit! Speist sie mit eurer Zeit!"
Da stellte sich heraus, dass einer noch fünf freie Stunden hatte, ein anderer zwei Viertel-Stunden.
Da nahm Jesus die kostbare Zeit und teilte sie aus unter viele Leute, und siehe, alle wurden satt ...
"Ich habe Zeit, nehme mir Zeit!" bedeutet: Du bist mir wichtig! wichtiger als ..."
Zyniker sagen: "Der/die hat mal wieder `nen Dummen gefunden, der seine Zeit mit ihm/ihr vertut!"
Liebt Ihr Gott auch jemanden wie mich?, fragte jener Brautvater.
Kehren wir die Frage um: Lehrt mein Gott mich *lieben*? Andere lieben? Zeit schenken?
In seinem Großen Katechismus schreibt *Martin Luther*: "Woran du dein Herz hängst und worauf du dich verlässest, das ist eigentlich dein Gott!"
Viele haben Götter (andere als den Gott der Bibel)..
Vor Jahren schlug ein Heidelberger Arzt Alarm: 20% der jungen Leute hätten

dermaßen Angst vor der Zukunft, dass es sie krank mache: Depressionen,
organische Funktionsstörungen, Suizid-Gedanken ...
Ich war - zugegeben - etwas skeptisch.
Einige Zeit später - bei einem internationalen Treffen - offenbarten mir, unter
vier Augen, Jugendliche und junge Erwachsene unter großem innerem Druck,
ja unter Tränen ihre Angst vor der Zukunft: die richtige Schule, das richtige
Studium, den passenden Beruf *jetzt*, gepaart mit panischer Furcht, Zeit zu
verlieren, Jahre zu verlieren, zu spät zu kommen, ihr Leben in den Sand zu
setzen, die ur-persönliche Einmal-Chance zu verpassen.
Es fühlte sich an wie vorzeitige Todesangst.
Nun, das Alter lehrt ein wenig Gelassenheit.
Unvergesslich, wie dankbar die jungen Leute waren, unter Tränen lächelten:
ganz einfache, normale Sätze der Lebenserfahrung hatten ihnen - man muss
es so sagen - *das Leben gerettet.*
Was ihnen indirekt *auch* bewusst wurde: ihre Verzweiflung kam auch daher,
dass sie ihr Herz unmerklich an gewisse *Götter* gehängt hatten: *Moloch,
Kronos (Chrónos), Venus, "Chance", Zaster*, Götter dieses Äon.
Aber nun ist die Zukunftsangst zurück mit einem neuen Gesicht - ein *Virus*-
Gesicht mit wechselnden Farben, Chamäleon-ähnlich.
Harte Einschränkungen des öffentlichen wie privaten Lebens schmerzen.
Aber manche entdecken: ich habe mehr Zeit als früher! Zeit für mich ist auch
Zeit für andere. Auch jetzt ist Da-sein füreinander, Zeithaben füreinander wie
Brot im Lebenshunger.
Das Gottesreich ist im Gleichnis (Lk 13,19) wie ein Senfkorn, das kleinste
Samenkorn, das ein riesiger Baum wird.
Einzeln sind wir alle ein Senfkorn, auch wenn wir den hohen Baum selber
nicht erleben werden. Er wächst auf zum Geheimnis des Glaubens.

WIE GEHT ES IHNEN ?

Oder schnorrig: *Wie geht`s* ?

Sag´ bloß nichts Falsches ...! Sag`: *Es geht!* Oder: *ich bin noch auf den Beinen!* Besser: *Alles im grünen Bereich!*

Sagst du die Wahrheit, gilt sie als unfein, unsouverän, als Eingeständnis, dass jemand sein Leben nicht im Griff hat. Dass jemand andere belasten will, statt seine, ihre Last selber zu schultern, forsch seinen, ihren Weg zu gehen.

Albert Camus demonstriert in seinem "Mythos von Sisyphos" den modernen Menschen und die endgültige Vergeblichkeit all seiner Mühen. Der Felsblock, den dieser wie *Sisyphos* nie über den Berg bringen wird, gegen den er sich wieder und wieder vergeblich anstrengt, prägt ihn entscheidend:

Sein "Gesicht ... ist selber bereits Stein". *Camus`* Mensch ist dem Schicksal überlegen. Auf die Frage *Wie geht`s* erwidert der Held: Das Leben ist zwar absurd, aber es hat mich nicht im Griff: *es geht!* Wenn nichts mehr geht, kann ich mein Schicksal immer noch verachten. Ich tue es bereits, *durchgängig* ...

Bedenken wir einen Moment, dass die alltägliche Frage nach dem Ergehen davon kommt, dass wir stets auf den Beinen sind, im Gehen sind, am Gehen oder im Kommen.
Ähnlich fragen die Franzosen "comment allez-vous?" ("Wie gehen Sie?" / aller = gehen) und erwarten als Antwort "es geht" (ça va) oder " ça va aller" (es wird gehen). Auch Italiener fragen: "come va?"
Lebendig sind wir auf den Beinen oder unterwegs. Man spricht vom *Lebensweg* eines Menschen. Wenn ihn etwas hindert, sucht er einen *Ausweg*..

Auch die *Menschheit* insgesamt sehen wir dauerhaft *auf dem Weg*. Entdeckungen haben *wegweisende* oder *bahnbrechende* Bedeutung. Auch setzen alle auf den "Fort*schritt*". Stehenbleiben, *Stagnieren* gilt als ungut, ja gefährlich.

Auch die *Geschichte* sehen wir als Gehen: als Fortschritt oder Rückschritt, als Zu*kunft* (von kommen, vgl. frz. *avenir*) oder Ver*gangen*heit (frz. *passé*, wörtlich: durchschritten).

Allein*gänge* oder Einzel*gänger* gelten als mutig, aber nicht ideal. Viel wichtiger ist, ob und dass jemand *mitkommt* oder uns *entgegenkommt* und sich als *zugänglich* erweist.

Besorgt denken die Menschen an die Zu*kunft* - wissen sie doch nicht, was oder wer da auf sie *zu*kommt. Im tiefen Innern fürchten wir, den Boden *unter den Füßen* zu verlieren, spüren Angst vor dem *Untergang*.

Unser Lebensweg kann, bildlich gesprochen, durch feindliches Gebiet führen, wir können in die Hand von Wegelagerern fallen. Sie können uns schlagen, ausplündern und bewegungslos am Weg liegen lassen.

Die Zukunft kann sich zu einem Albtraum verdichten wie in *George Orwell`s Utopie-Gemälde*, wo der Henker seinem Folteropfer erläutert: "Wenn du dir ein Bild von der Zukunft ausmalen willst, dann stelle dir einen Stiefel vor, der in ein Menschenantlitz tritt - immer und immer wieder!"

Aber vielleicht ist nicht die Vorstellung, geschlagen und getreten zu werden, die quälendste, tödlichste Angst, als vielmehr der Gedanke, ja die Erfahrung, geschlagen, getreten am Weg liegengelassen zu werden: von den Räubern, dann von den *Passanten,* gar noch mit dem kalten Trost auf den Lippen: *Das geht vorüber!*

Die menschliche Grundangst liegt in der Vorstellung oder schon Erfahrung, man könne, einmal *am Boden*, keinen Menschen finden, der einem auf die Beine hilft, der einen stützen, geleiten und begleiten würde, dem der Aufwand nicht zuviel wäre, einem Aufgeholfenen Geleit zu geben, bis er sicher stehen und vielleicht weitergehen kann.

In vergleichbarer Situation ist der Täufer *Johannes*, den König *Herodes* als Aufwiegler festgesetzt hat und um den es übel steht, weil er den Potentaten öffentlich an Gottes Gebot - an die Tora - erinnert hatte. Johannes wittert eine Chance, als er vom Zustrom des Volkes zu Jesus hört, und lässt anfragen: "Bist du es, der da *kommen* soll?" (Mt 11,3).

Jesus gibt den Boten Auskunft: "Geht und berichtet dem Johannes ...: Blinde sehen wieder, Lahme gehen, Aussätzige werden rein und Taube hören, Tote werden auferweckt ..." (Mt 11,4-5).

Die Boten sollen berichten, wie es den "Kindern Israels" *geht*, nachdem der Gekommene Blinden, Gelähmten, Ausgestoßenen, lebendig Begrabenen neue Wege zu gehen eröffnete und eröffnet. Denen, die sich am Ende ihrer Wege wähnten, *geht es* besser, ja gut, da sie sich durch Jesus von Gott ansprechen und auf neue Wege führen lassen.

Mit dieser Auskunft kann Johannes sich beruhigen. Der von ihm eröffnete Weg für Israel geht weiter - durch Mund und Tat des *Gekommenen. Er ist* aber *gekommen, um zu gehen - zum "Vater"* (Joh 14,2-4).

Und hinterlässt.den Fragenden das Geheimnis des "Gekommenen": "ich bin der Weg, die Wahrheit und das Leben. Niemand *geht* zum Vater, es sei denn durch mich" (aaO 14,6).

LEBEN BEI GOTT ODER ´NACHSITZEN´ ?

In den Kirchen kommen wieder Gedanken an die Oberfläche, die den Glauben an das ewige Leben belasten, ja den Glauben überhaupt erschweren. Nicht wenige fürchten einen überaus strengen Richter-Gott und sind besorgt, ob sie wohl alle Gebote und Vorschriften einhalten, ob sie genügend gute Werke auf dem Konto haben, um in Gottes Gericht zu bestehen.

Diese Denkweise, die, wie gesagt, sich neu ausbreitet, denkt sich Gott nach Menschen-Muster, sie hat wenig mit der Frohen Botschaft zu tun.

Andere lösen sich von diesem Denken, wie die europäische Aufklärung tat.

Sie pochte - recht einseitig - auf den sogenannten Beweis der Unsterblichkeit der menschlichen Seele, wie der altgriechische Philosoph *Platon* ihn in seinem Dialog *Phaidon* entwickelte.
Tatsächlich aber wird das Theorem „unsterbliche Seele" vielerorts gesehen als Alternative zur christlichen Lebensbotschaft, wie schon der Aufklärer *G.E. Lessing,* der froh verkündete, er sei schon dagewesen und werde wiederkommen, ist doch "die ganze Ewigkeit mein".
Wer, jeden „mythischen" Hintergrund ablehnend, sich zu der bloß spekulativ abgeleiteten, puren Fortexistenz der Seele bekennt, gerät mangels Alternativen fast zwangsläufig in den Sog der *Reinkarnations*idee.
Für diese Idee (der Sache nach kannte sie auch schon *Platon*) ist, wie bekannt, ursprünglich die *Karma*-Vorstellung maßgebend, die gemäß der Weltordnung (*Dharma*) die Art der Wiedergeburt nach dem (guten oder bösen) Gewicht der Taten im vorigen Leben bestimmt.
Der Hindu, der auch die Götter unter der Karma-Regel glaubt, strebt nach Erlösung aus dem Kreislauf (*Sansara*) der Wiedergeburten.
Menschen der westlichen Welt, die dem Glauben an Reinkarnation anhängen, versehen ihn in der Regel jedoch mit ganz anderem Akzent.
Da ihnen der Glaube an die Lebensverheißung des biblischen Gottes abhanden kam oder fremd blieb, verbinden sie mit der Hoffnung auf Reinkarnation die Hoffnung auf endloses Leben (realisiert durch eine Vielzahl von Wiedergeburten) und fortschreitende *Selbst*verwirklichung, wodurch der ehedem religiöse Hunger nach ewigem Leben irdisch-diesseitig (mit fortschrittlicher Medizin) gestillt werden soll. Dabei tritt der *ethische* Aspekt im asiatischen Reinkarnationsglauben zurück zugunsten des ´Karmas` rastlos-innovativer Tätigkeit, wie schon bei *Goethe* oder *Lessing.*
Das Christentum wendet ein, die Reinkarnationsidee untergrabe den entscheidungsträchtigen Ernst des konkreten Menschenlebens, löse die Identität der *Person* auf, *versteinere* individuelle *Schuld*, die als unverziehene Konse-

---

* „Warum sollte ich nicht so oft wiederkommen, als ich neue Kenntnisse, neue Fertigkeiten zu erlangen geschickt bin? ... Und was habe ich denn zu versäumen? Ist nicht die ganze Ewigkeit mein?" *Lessing*, Die Erziehung des Menschengeschlechts §§ 98 + 100; vgl. *Eckermann*, Gespräche mit Goethe (2.5.1824)

quenz auf den Schuldigen gesetzmäßig zurückfällt und seinen weiteren Weg determiniert – in dieser Form wohl kaum eine Frohe Botschaft.
Diese Auffassung, die manche wohl auch für pädagogisch wertvoll halten, verstärkt das Leistungsdenken, zugleich jedoch die Skrupulosität, die beide uns Menschen eigen sind. Sie gleicht der Reaktion des Menschen, der etwas "verpfuscht" hat: "Gib mir ein zweite Chance!"
Christen sollten nicht so klein, ja kleinlich vom Gott der Bibel denken.

Er ist kein unpersönliches Weltgesetz namens "Dharma". Kern des Evangeliums ist *cháris*: die Gunst, Gnade, das Erbarmen Gottes.

Es besagt, dass der Mensch nicht in ein zweites, drittes usw. Leben gestoßen wird, um dort nachzuholen, was er im vorigen versäumt oder verbrochen hat, sondern dass Gott selbst ihm zu Hilfe kommt.
Da, wo ein Mensch – bildlich gesprochen – in seiner Lebenszeit zu wenig Gefäß war für Gottes sich entäußernde Liebe, da bereitet Gott selbst sich das Gefäß, da weitet und läutert Gott selbst es mit dem Feuer seiner Liebe.

Nicht der Mensch muss "nachsitzen" oder kann noch etwas tun - Gott selbst reinigt das Herz zum Empfang seiner ewigen Liebe (das meint die Rede vom "Fegfeuer").
Gottes Gerechtigkeit ist anders als die Gedanken der Menschen.
Das macht Jesus klar, wo er betont, dass die Letzten die Ersten sein werden; dass Dirnen und Zöllner vor den bemüht Frommen ins Reich Gottes kommen; dass nicht der Gesetzes- und Gebotseifrige (gar Verbotseifrige), sondern der Zöllner im Tempel, der nichts vorzuweisen hat, aber Gottes vergebende Huld anruft, von Gott angenommen wird.

Jesus verkündet das göttliche „Prinzip Gnade". Er verkündet es dem in Ruhe und Sturm sich gern vordrängenden Schuldgefühl - anstelle der tristen Vor-stellung, die Lebensrechnung, die "Abrechnung" zwinge zu denken, dass jede(r) die sich eingebrockte Suppe selber auslöffeln müsse.

Vor vielen Jahren formulierte ein von vielen verehrter Priester in seinem Testament seine persönliche Glaubenshoffnung – vielleicht das wichtigste Zeugnis, das er hinterlassen konnte:

Soweit ich es übersehe, habe ich lange nicht das Aufgegebene erfüllt und bin hinter meinen Pflichten zurückgeblieben. Ich kann heute, am Ende, nur die-ses ganze arme Leben in Gottes erbarmende Hände zurückgeben:
in der guten Hoffnung, dass er auch das Unvollendete gelten lässt und das Verkehrte heilt.

" SCHAFE MIT HIRT "   (zu Mk 6,30-34)

Die Schriftlesungen des Sonntags verkünden Jesus den guten Hirten, der die
versprengten Schafe sucht und zusammenbringt. Die berufsmäßigen Hirten
hatten sie im Stich gelassen, wie die Propheten *Jeremia* und *Ezechiel* klagen.
Das Evangelium lässt erkennen: Jesus und die Jünger bekümmern die vielen
Leute, die wie Schafe ohne Hirten sind. Sie nehmen sich Zeit für sie trotz
Müdigkeit. "Und er lehrte sie vieles", heißt es am Schluss. Es bedeutet auch:
Jesus nahm sich Zeit für sie ...
Was lehrte er sie denn?, könnte man fragen; doch *Markus* sagt es nicht.
Aber das Wesentliche kann man erraten. Die Menschen Israels waren unter
der römischen Besatzung niedergeschlagen, litten Not, und ihr Glaube war
ein einziges Fragezeichen: Wie geht es mit uns weiter? Warum tut Gott
nichts? Haben wir noch eine Zukunft?
So ähnlich fragen heute auch viele Christen. Die Fragen und Sorgen von
damals sind - nur oberflächlich verändert - auch die von heute.
Das Besondere hier: Jesus nimmt sich Zeit für sie!
Noch eine Beobachtung: Jesus kann die Leute *vieles* lehren, *weil auch die
Leute sich Zeit nehmen für ihn!*
Das muss man würdigen.
Wir heutigen Menschen haben Wünsche, aber keine Zeit; haben Fragen,
aber keine Zeit.
Wann brauchst du die Antwort?, fragt einer. "Schon gestern!", erwidert oft der
andere. Geduld ist vielen ein verruchtes Wort. Was sie brauchen, suchen, soll
"sofort" da sein. Du hast Fragen? Mein PC, mein Smartphone gibt mir sekun-
denschnell Bescheid.
Aber nicht alles und nicht alle kuschen vor unserer Ungeduld.
Wir erfahren es aus der zwischenmenschlichen Begegnung. Da ist oft lange
nichts klar; schnelle Antworten wie "ich verstehe" veralten rasch.
Wir fassen etwa Vertrauen zu einem anderen Menschen, auf dem Markt, im
Büro, auf Reisen, lassen etwas Persönliches anklingen - und erleben: der
andere Mensch hat große Mühe zu verstehen, spürt nicht, was die Mitteilung
mir - und auch ihm - bedeuten will; ist nicht *in Stimmung* zu erfassen, was
mich bewegt, oder er versteht - gar nicht selten - das Gegenteil von dem, was
ich eigentlich mitteilen will.
Das vornehme Wort "Dialog" hat es schwer in unserer hastigen, überhasteten
Zeit.
Wenn Jesus - wie das Evangelium sagt - die Menschen vieles lehrte, tat er es
im Dialog!
Glauben wir nur nicht, die Menschen hätten ihm zugehört stumm wie Ochsen!
Das tun temperamentvolle Orientalen nicht. Vielmehr: sie reagieren, antworten, fragen dazwischen, klatschen Beifall, buhen auch einmal: wir kennen das
aus der Schule mit Kindern. Jesus konnte die Leute nur darum "vieles"

lehren, weil die mitmachten, sich temperamentvoll engagierten mit Zustim-
mung und Widerspruch und ihn so veranlassten, mehr und mehr aus sich
herauszugehen.
Reden, Antworten und (Sich-) Verstehen brauchen Zeit!
Jesus macht auch andere Erfahrungen, etwa in seiner "Vaterstadt":
mit verkniffenen Lippen hören die Leute ihn eine Weile an, dann rufen sie:
"Was will denn der? Geh nach Hause!" Jesus muss abbrechen.
Der begnadete Denker *Romano Guardini* sagt einmal das schöne Wort: der
Mensch entsteht aus Gottes Anruf, weil Gott dem Menschen DU sein will!
Der biblische Gott will den Menschen nicht Diktator sein, sondern väterlicher
Freund, will ihnen begegnen, will eine intime Freundschaft mit ihm, mit ihr, mit
jedem von uns begründen.
Darum sagt er den Menschen, was ihn bewegt, was ihn an uns bewegt, ihn
auch schmerzt (wir nennen es Offenbarung), und wir sagen ihm, was uns
bewegt: wir nennen`s Glaube und Gebet.
Doch bedenken wir:
Freundschaft ist nie leicht! Freundschaft ist nicht flüchtig, benötigt Zeit, sucht
Verständnis von beiden Seiten. Doch wir haben`s schwerer, wir sind der klei-
nere, schwächere, ein labiler Partner ....
Wenn wir oft Jahre, Jahrzehnte lang ringen, um den Ehepartner zu verste-
hen, dürfen wir uns nicht wundern, dass wir ein Leben lang mit der Gottes-
freundschaft ringen und offene Fragen haben selbst noch in jenem letzten
Augenblick, da wir nur noch "Amen" sagen.
"Jesus lehrte sie lange" - eben weil sie Fragen hatten und lernen wollten. Und
keine Lust zu verdrängen. Und weil sie spürten, dass Lebensfragen nie ans
Ende kommen: man lernt nie aus, bevor es Abend wird.
Das gilt auch für uns heute, die wir uns einbilden *zu wissen*.
Haben wir nicht Radio, Fernsehen, Internet? Sind wir nicht weltweit vernetzt?
Telefonieren mit Galapagos und dem Südpol ...? sogar mit dem Mond?
Viele können, ja wollen nicht *glauben*, weil sie an der Oberfläche leben und
meinen, alles zu wissen, was sie brauchen.
Etliche spüren, dass der Fußboden bebt - unter ihnen, unter anderen -, und
sagen: Es ist doch normal! Unter allen anderen bebt der Boden auch!
Noch ein Versuch: "Geh in dich!", sagt einer zum anderen. "Das ist mir zu
dunkel!", tönt der andere: ich könnte mich verirren!
"Niemand weiß, ob es überhaupt einen Gott gibt!", sagen Schlaumeier, die
dem Evangelium ausweichen, weil es sie ins Herz treffen und ihr Programm
irritieren könnte.
Auch der gläubige Mensch ringt immer wieder mit Zweifeln. Aber wenn er
"dran bleibt", wird er von Zeit zu Zeit mitten im Weltlärm Augenblicke tiefer
Stille erleben. Wird Momente von tiefer Resonanz erleben: Du bist auf dem
Weg! Bleib` auf dem Weg!
Vielleicht auch die Umkehrung: Das ist *nicht* dein Weg! Nimm den anderen!
Die seltenen Momente tiefer Klarheit sind entscheidend.
Lassen wir sie uns nicht nehmen vom Gedröhn!

" DER TISCH DES HERRN " (Zu Sir 3,17-31 / Lk 14,7-14)

Wir hören, wie Jesus eine Art Knigge gibt, wie sich jemand verhalten soll,
wenn er/sie zu einer Gesellschaft, zum Essen geladen wird: er oder sie soll
sich auf den untersten Platz setzen, dann werde der Gastgeber kommen und
ihn vor den anderen Gästen ehren mit der Aufforderung: Rücke höher hinauf!
Dies war offenkundig die Sitte - aber triebhafte Menschen benehmen sich zu
allen Zeiten daneben. Doch Jesus ist die Sitte wichtig - darin ist tieferer Sinn.
Es wird überliefert, ein Gastgeber sei einmal zu *Otto von Bismarck* gekom-
men und habe ihn, der unter den Gästen saß, aufgefordert, doch *oben* am
Tisch Platz zu nehmen. *Bismarck* habe geantwortet: Wo ich sitze, ist oben!
Mit dieser Antwort unterlief er das von Jesus Gemeinte, es prallte an ihm ab.
Aber wollte Jesus tatsächlich die Leute Benimm lehren? Sehen wir näher zu!
Das Lk-Evangelium lässt Ironie einfließen: Jesus ist bei einem führenden
Pharisäer mit anderen zu Gast, und alle – heißt es – beobachteten ihn genau,
so von der Seite, unauffällig-auffällig.
Nun stellt sich heraus: Jesus beobachtet seinerseits die anderen genau,
sieht, wie sie sich die besten Plätze aussuchen, und nimmt die Beobachtung
zum Anlass, rechtes Verhalten zu lehren. Was er sagt, leuchtet unmittelbar
ein: suche nicht selbst das Prestige, sondern lasse dir die Ehrung vom Gast-
geber zukommen! Dann bist du vor den anderen mehr geehrt, als wenn du
sie dir selbst genommen hättest, gleich bei der Besetzung der Plätze.
Jesu Rat leuchtet ein – doch sich tatsächlich so verhalten als Gast, das ist ein
anderes Thema!
Das gilt erst recht für Jesu nächsten Rat an den Gastgeber: anstelle deiner
Geschwister, Freunde, vermögenden Kollegen - lade doch Arme, Behinderte,
Lahme, Blinde ein!
Die können keine Gegeneinladung aussprechen, können dir nicht ihrerseits
Gastfreundschaft und Ehre erweisen. Du aber wirst in Ehre stehen bei Gott!
Darauf würden viele antworten: Davon hab` ich nichts, jedenfalls jetzt nicht!
Ja, um davon etwas zu haben, muss jemand tatsächlich nachdenken, lange
und gründlich nachdenken.
Denn alle wollen ja zunächst einmal ´hoch hinaus`. Der „Streber", wie er in
der Schulklasse genannt wird, sitzt ja in jedem von uns, und wir sind neidisch
auf jemand, der uns überholt im Nach-oben-Streben. Und man kann trotzig
sagen: Das ist doch nicht schlimm – wäre es schlimm, hätte der Schöpfer
dieses Streben nicht in uns hineingelegt!
Recht hat, wer so redet – und doch ist da in der Bibel noch ein anderer Ton.
Nach-oben-Kommen ist darin nicht das letzte Wort.
Wir stoßen darauf, wenn wir nochmals auf die Weisheits-Verse im Buch
Jesus Sirach achten. Da heißt es: „Je größer du bist, umso mehr demütige
dich selbst! Für die Wunde des Hochmütigen gibt es kein Medikament, ein
böses Kraut hat in ihm Wurzel gefasst!"
Für Menschen der Antike war Hochmut allgemein eine frevlerische Haltung.

Aber die Bibel hat eine ganz eigene Begründung: „denn groß ist die Macht des Herrn, von den Demütigen wird er geehrt"!
Wie ist das zu verstehen? Wir denken: Ja, Gottes Macht ist groß. Gott, wenn er wollte, könnte doch mit einem Faustschlag mal dazwischen hauen, dann wäre "Ordnung im Laden! Einfach mal die ganzen Verbrecher und Tunichtgute kurz von der Tischplatte blasen!"
Aber dann wären die meisten von uns auch weg.
Die biblische Weisheit sagt: „Von den Demütigen wird er geehrt".
Das kann nur bedeuten: Bei all seiner großen Macht ist Gott selbst demütig = dien-mütig! ER setzt sich nicht hin und sagt: ´Wo ich bin, ist oben! Alles hört auf mein Kommando!`
Gott tritt vielmehr leise auf, bescheiden (menschlich gesprochen), demütig.
Er trampelt nicht auf uns herum, sondern spricht uns leise an, behutsam, schüchtern, im Herzen. Der Schöpfer macht uns Platz, damit wir sein, atmen, selber tätig werden können. Damit wir *wir selbst* sein können. Er lädt uns ein, IHN zu entdecken – wenn wir möchten.
Der Wichtigtuer, der Streber, der immer und überall vorne dran sein will, hat dazu keine Chance.
Er geht an IHM vorbei, weil Gott ganz klein ist, bei den Kleinsten sitzt oder liegt, in einer Seitennische. In den Augen der Welt ist Gott ein Tor.
Das meinte *Paulus* im Blick auf den Gekreuzigten. In der Tischgemeinschaft Gottes gelten andere Regeln.
Das meint Jesus, wo er den Jüngern sagt: Wenn ihr dienen gelernt habt, wie ich, dann werdet ihr mit mir auf zwölf Thronen sitzen und Israel richten!
Vielleicht denken wir daran, wenn wir zum Tisch des Herrn gehen.

In der antiken griechisch-römischen Kultur deutete man das Geschehen des Todes als Trennung der Seele (*psyché, anima*) vom Körper: die unvergängliche Seele werde vom Körper "befreit" und dürfe, so sie das Totengericht besteht, die ewigen, wahren Urgestalten aller Dinge schauen.

Aus Hinweisen schloss man, die Seele des Menschen sei von Natur unsterblich oder unvergänglich, eine Annahme, welche auch in der europäischen Aufklärung populär war. Die Feier der Autonomie des Menschen, welche die Aufklärung bestimmte, sah im Erweis der Unvergänglichkeit der Seele die Gewähr, dass ein Überleben des Todes auch ohne den Gott der Bibel möglich sei.

In biblisch-christlicher Sicht ist die Unsterblichkeit jedoch gebunden an die Verbindung des Menschen mit *Gott*, den die hervorragenden Zeugen des Glaubens bis zu Jesus *als das Leben selbst* erfahren hatten, weswegen sie ihn hebräisch ᵓ*El Ḥaj* nannten: nicht bloß der "lebendige Gott", sondern Gott, der durch und durch Leben ist und Leben schenkt.

Das Verhängnis, das Sterbende zu fürchten bekommen, ist die furchtbare Trennung von Gott, die jedoch überwindbar ist: hat der Mensch die Erdenzeit gläubig-vertrauend verbracht und besteht er die Prüfung seines Lebensertrags, empfängt die Seele Leben als Anteil an Gottes Leben selbst.

Auch die *Gegenprobe* bestätigt dieses Ergebnis:

Nur noch Staub ist hingegen der Mensch, der durch *Sünde* den Lebensbund Gottes verlässt.

„Sünde" ist ursprünglich ein Begriff, der anzeigt, dass das Bundesvolk die *essentials* des Gottesbundes laufend bricht - ist also ein Bundesbegriff (hebr. *chatt´ah*, Bringschuld; oder *päš´a*, Abfall); *Sünde* bezieht sich *nur* auf Juden und Christen (als Angehörige des Bundesvolkes).

Was *Paulus* bei den ´Heiden` (d.h. Menschen aus den „Völkern") an Bösem beobachtet, nennt er „Unrecht" (*adikía*) oder Gottlosigkeit (*asébeia*).

Doch da die Frohe Botschaft von Gottes Erbarmen weltweit Resonanz findet (die urchristliche Erfahrung), sieht Paulus auch die Menschen außerhalb Israels unter die Herrschaft des Todes geraten, weil sie – ihrem *Gewissen* zuwider – Gott eintauschten für geschaffene Mächte (Röm 1) und so allesamt das 1. und 2. Gebot verfehlen (Ex 20,3.7; Dtn 5,7.11):

   1. *Nicht sei dir andere Gottheit ...*(d.h. anderer Herr)

   2. *Trage nicht Gottes Namen auf das Wahnhafte* (*šaw`, mátaion*) !

Die Macht der Natur (biblisch *Baal*) - sie findet Anhänger bis heute ("*Gaia*") - ist deshalb zuletzt eine Illusion, da sie verspricht, den Lebenshunger der Menschen zu stillen, doch vor dem individuellen Tod ihre Ohnmacht gesteht. Bis heute zeigen sich Menschen zutiefst betroffen über die letzte *Ohnmacht der Natur* (inklusive Medizin), wenn Ärzte und HelferInnen ein Leiden nicht heilen, den Tod nicht verhindern können. Sie hatten doch alle Hoffnung, alles

Vertrauen in die Macht der Natur (Heilungskräfte, Medizin) gesetzt!
Nun kommt der Begriff *Sünde* ins Spiel. Er kursiert wie Falschgeld in der
modernen Gesellschaft.
„Sünde" nennt die Bibel objektiv jenes Verhalten, das Gottes Aufruf zum
Leben in Fülle übergeht und sich stattdessen an vergängliche Mächte und
deren illusionäre Verheißungen hängt.
Der Völkermissionar *Paulus* hatte diesen Irrweg vieler Menschen so häufig
beobachtet, dass ihm dazu die Formel einfiel „Sold" (LÜ) oder „Lohn" (EÜ)
der Sünde ist der Tod (Röm 6,23; 5,12).
Das griechische Wort (*opsônia*) für „Sold" meint ursprünglich Proviant. Wenn
Paulus den Tod als den „Sold" der Sünde bezeichnet, will er sagen, der Tod
sei sozusagen die Wegzehrung der Sünde – das, was man von ihr hat; das,
womit man auskommen muss, wenn man der Sünde, d.h. einem vergänglichen Lebens-Träger und -Lieferanten, anhängt und huldigt.
Paulus predigt kein Emanzipations- oder Autonomie-Ideal. Als Realist sieht er
den schwachen Menschen unter der illusionären *Herrschaft* der Sünde, die
den Tod im Gefolge hat.
Den Christen eröffnet er, dass sie zu ihrem Glück einen Herrschafts-*Wechsel*
vollzogen haben, hin zu einer *guten* Herrschaft, die, statt Tod, Leben bringt:
„Ihr seid befreit worden von der Sünde und wurdet Knechte der Gerechtigkeit"
(Röm 6,18-23).
Gerechtigkeit ist biblischer Inbegriff für Gottes Treue, Huld (Gnade), Gericht,
zuletzt oder endgültig (dafür wirbt *Paulus*) erwiesen in Jesus Christus.
Paulus sagt es mehrmals: Nicht nur in Israel, weltweit sind die Menschen
unter die Macht der Sünde geraten, da sie – der Weisung des Gesetzes in
ihrem Inneren entgegen – Gott den Schöpfer mit Geschöpfen vertauschten
(Röm 1) und so letztlich den Tod zum Herrscher über ihr kurzes, gefährdetes
Leben erhielten (was sie – desillusioniert, ent-täuscht – im Lauf der Jahre
erkennen).
Paulus sieht die Gefahr der Verwechslung auch einmal in seiner Korinther
Gemeinde: dort sind einige Christen durch rücksichtsloses Für-sich-selbst-
leben-wollen auf den Weg des Todes geraten; denn ihr Tun zerstört die
Gemeinschaft (2Kor 5,15f). *Gemeinschaft* aber ist ein wesentlicher Aspekt
von *Leben - umso mehr* eine auf Christus getaufte Gemeinschaft!
Wie schon die fernen Vorfahren wussten: Leben ist wesenhaft Gemeinschaft.*
Isolierung (Exkommunikation) dagegen, Verlassenheit, Einsamkeit, Bezie-
hungslosigkeit bedeuten Tod. Ist doch Gemeinschaft Leben schon für das
neugeborene Kind.
Entwickelt sich eine seelisch-geistige Isolierung von Menschen, kann sie die
physische Auflösung wie ein Sog nach sich ziehen: nicht nur bei Alten, auch
bei Jungen.
Spaltung, Isolierung schaffen eine Atmosphäre, die *Paulus* die „Trauer der
Heiden" (vgl. 1Thess 4,13) nennt.

---

* Das hebr Wort *chaj* [חי] besagt *Leben* wie auch *Gruppe*; im Germanischen ist „Leben" in der Wortwurzel mit
„Kleben", „Leim", „Leib" eng verwandt.

Der Mensch ohne Gott ist, biblisch gesprochen, nur „Fleisch". Ohne Gott ist ein Mensch konsequent zurückgeworfen auf sich selbst, auf seine bloß natürlichen Kräfte, seinen angefochtenen, am Ende vergeblichen Lebenswillen. *Gottes* Lebensangebot ist die *Alternative*; wird sie ausgeschlagen oder ungenützt, bleibt nur Tod übrig.

Tod als „Sold" der Sünde oder Gottferne ist eben das, „was man davon hat": die Konsequenz aus einem ´Lebenslauf´ ohne Gott und wider Gott.

In heutiger Gesellschaft beobachten wir nicht selten eine Einstellung, die man als Verneigung vor dem *Tod,* der Endlichkeit überhaupt umschreiben kann.

Zwar gibt es Menschen, die vor dem Tod eine stoische Gelassenheit, Zucht und Tapferkeit entwickeln, oft gepaart mit dem Entschluss, den *Augenblick* als das Kostbarste intensiv zu leben, auszukosten.

Dass „alles ein Ende nimmt", gilt dann nicht bloß als Lebensweisheit, sondern als ´das letzte Wort über dem Leben´. Es kann sich ein tödlicher Realismus ausbilden, der den Mut der jungen Jahre aufgebraucht hat und dem im Verrinnen der Zeit zuletzt alles gleich-gültig, sinn-los vorkommt, der Lebenswille also zerbricht.

Der 1980 verstorbene Existenzialist *Jean Paul Sartre* gestand einem Interviewer kurz vor seinem Tod „die stille Verzweiflung eines alten Mannes": er habe den Atheismus bis zum Ende betrieben und sei dabei zu einem Mann geworden, „der nichts mehr mit seinem Leben anzufangen weiß" und nur mit größter Mühe noch einen Funken Hoffnung für die Menschheit hochzuhalten vermag.[**]

Oft genug praktizieren Menschen eine stille, ihnen kaum bewusste Ergebung in den Tod, anerkennen ihn als letzten ´Souverän´, als absoluten Herrn über sich. So wird ihr Glaube an *seine* Allmacht, die Furcht davor indirekt erkennbar: an der Lebensführung, den Maßstäben, die sie anwenden, den Zielen, die sie verfolgen (das, „was man im Leben erreichen muss", bevor es zuende ist).

Unbewusst nistet auf dem Grund ihrer selbst nagende Verzweiflung, die in Augenblicken von Misserfolg oder Unglück durchbrechen kann, es jedoch vorzieht, im Dunkel zu verharren und von dort aus zu regieren.[***]

Solche Leute nehmen das Risiko, als „Könige ohne Land" zu enden, als dem Tod abgetrotzte Würde in Kauf.

Viele tun es, wie die schockierende Ziffer von Selbstmorden in Deutschland und Europa zeigt.

Statistisch nimmt sich in Deutschland alle 45 Minuten ein Mensch das Leben: mehr Männer als Frauen, viele Jugendliche.

An Selbstmord sterben (in Deutschland, Europa) jährlich mehr Menschen als durch Verkehrsunfälle, Drogen, Gewalttaten und Aids zusammen.[****]

Man rechnet mit hoher Dunkelziffer, zumal nicht wenige Suizide auf dem Weg

---

[**] Deutsche Wiedergabe in: Frankfurter Allgemeine Zeitung vom 15.4. 1980, S.25

[***] Für *S. Kierkegaard* ist dies „die gewöhnlichste Art der Verzweiflung": Die Krankheit zum Tode.

[****] Bericht des Hamburger Abendblattes vom 7.10.2011, gestützt auf Angaben des Therapiezentrums für Suizidgefährdete am Universitätsklinikum Hamburg-Eppendorf: ihnen zufolge registrierte man 2010 in Deutschland 10021 Selbstmorde, denen 7653 Todesfälle durch sonstige Ursachen im selben Zeitraum gegenüberstehen.

über Verkehrsunfälle oder Drogenkonsum geschehen.

Neben Krankheiten (wie Depressionen, Schizophrenie) sind es häufig die sogenannten Bilanz-Selbstmorde.

Forschungsergebnisse scheinen zu bestätigen: Menschen in lebendiger Glaubensbindung sind statistisch (!) signifikant weniger suizidgefährdet. Dennoch erleben auch Gläubige (von seltenen Ausnahmen abgesehen) den Tod als Gott-Ferne.

Wenn der Körper sich auflöst in seine organischen und chemischen Teile, erlebt auch die Seele den Tod als Auflösung: nicht nur die mitmenschlichen Beziehungen lösen sich auf, auch die Beziehung zu Gott – selbst da, wo sie intakt war – löst sich auf in letzte Verlassenheit und Angst erregende Einsamkeit. Wie Jesus am Kreuz erfuhr, kommt der Tod über uns als „Verhülltheit" Gottes *(Karl Rahner) und fordert den Rest an Vertrauen: sich überlassen.*

SALZ DER ERDE

Jesus sagt zu den Jüngern - und damit zu uns Christen, wir seien das Salz der Erde (Mt 5, 13) und das Licht der Welt (Mt 5,14).
Salz der Erde - die Würze der Erde. Licht der Welt - Licht in einer dunklen Welt.
Doch macht er sogleich klar, dass diese Bilder keine Ehrentitel meinen, sondern *Berufung*: Ihr seid *berufen*, Salz, Würze der Erde zu sein, Licht der Welt - also *seid es auch, werdet* es auch!
Wenn ihr es nicht seid, fehlt den Menschen etwas, das ihr Leben schmackhaft macht und in ihr dunkles Leben Licht bringt.
Vermutlich werden manche finden, dass Jesus hier übertreibe.
Als Christ leiste man seinen Beitrag, wenn man einigermaßen anständig ist oder bleibt und die Zehn Gebote achtet.
Aber die Welt, die Menschheit macht ja nicht gerade den Eindruck, dass sie auf die Christen warte - dass sie von ihnen soviel erwarte, wie diese Bilder "Salz der Erde", "Licht der Welt" vermuten lassen. Eher verargt man es den Christen, wenn sie sich zu oft einmischen, als wären sie die Alles-Besser-Wisser.
Vielleicht kommen wir ein Stück weiter, wenn wir fragen, welche Erde, welche Welt Jesus meint.
Einige Kapitel später, bei Matthäus, vergleicht Jesus "dieses Geschlecht" - die Generation seiner Zeit - mit Kindern und ihren Spiellaunen: sie sind enttäuscht, wenn die anderen nicht mittun mit dem, was ihnen gerade in den Sinn kommt: tanzen oder jammern. Damalige ´Normalbürger" nennen den asketischen Täufer *Johannes* einen Besessenen und Jesus einen "Fresser und Säufer", je nach Stimmung (Mt 11,16ff). Die Leute haben weder Standpunkt noch Maßstab. Sie machen diejenigen schlecht, deren Lebensführung von der ihrigen abweicht, die nicht bloß dahintrotten, vielmehr wissen, was sie wollen. Wie der oder die lebt, sich verhält, sich äußert usw. sei "extrem", schimpfen sie.
Ein anderes Mal geht es um Schriftgelehrte und Pharisäer, die ein Zeichen, eine himmlische Beglaubigung von Jesus fordern: sie wollen mit dieser steilen Forderung *sich schützen gegen den Anspruch*, den Jesu Worte auf ihre Lebensführung, ihre Anschauungen erheben.
Die gleiche Mentalität finden wir heute bei jenen, die sagen: Ihr Christen, beweist uns doch erst einmal, dass dieser Jesus überhaupt gelebt hat! und dass er "Gottes Sohn" war! dass er, wie ihr andauernd behauptet, von den Toten auferstanden ist!
Vorab beweist doch erst einmal, dass ihr bessere Menschen seid!
(Wären es die Christen, hätten die Leute eine Ausrede weniger - also kann nicht sein, was nicht sein darf).
Dann beschimpft Jesus im Matthäusevangelium auch noch "dieses üble Geschlecht" (12,45).

So etwas sagt man doch nicht! Und denkt es nicht einmal! Das ist hart, wenig einfühlsam. Dazu ein Pauschalurteil - man beleidigt ja die Leute ...
Heute bewertet man die Dinge gern psychologisch und sagt: Da hört man bei Jesus den "Frust" heraus ... Er war ´sauer`, weil ihm so wenige glaubten, was er behauptete! -
Das ist *unser* Spiel: psychologisierende Unterstellung.
Haben wir etwas oder jemanden "psychologisch" eingeordnet, ist - so scheint uns oft - alles erklärt. Jesus war halt auch bloß ein Mensch. Wenn ihm die Leute zu biestig kamen, ist er auch mal ´ausgeflippt`.
Zur Abwechslung könnte man Jesus aber auch beim Wort nehmen: "ein übles Geschlecht" - man kann auch übersetzen: ein böses Geschlecht!
Schauen wir uns doch einmal an, nach welchen zehn Geboten diese Welt tatsächlich lebt und agiert - nicht in jedem Fall, aber in der Grundrichtung:

1. *Geld regiert die Welt*
2. *Jeder ist sich selbst der Nächste*
3. *Wie du mir, so ich dir*
4. *Ein Mensch ist des anderen Wolf*
5. *Man muß mit den Wölfen heulen*
6. *Erlaubt ist, was gefällt*
7. *Die Welt will betrogen sein*
8. *Einmal ist keinmal*
9. *Man lebt nur einmal*
10. *Nach mir die Sintflut!*

Wir alle kennen diese Alternativ-´Gebote`; es sind die Regeln des *Dschungels*. Sie klingen so selbstverständlich, ohne echte Alternative.
Oder spüren wir Menschen etwa nicht, wie bedroht und vergänglich unser Dasein ist? Sind wir darum nicht verständlicherweise geneigt, unser Stück Leben mit seinen Chancen und Glücksmomenten an uns zu raffen; sie wie eine Beute festzuhalten? Leben wir etwa nicht unter Raubtieren? Ist es im Dschungel nicht Gesetz, daß, was immer einer losläßt, abgibt, anderen ein- räumt, daß ihm das unwiederbringlich verloren geht?
Es ist die schiere Not der Selbsterhaltung, der Zwang zur Selbstbehauptung, was uns diese 10 Gebote des Dschungels immer neu aufzwingt.
Die anderen Menschen sind ja selbst hineingeboren in die Not aggressiver Selbstbehauptung wie wir, sie begegnen zwangsläufig als Rivalen, oft Feinde.
Und nun *Jesus*. Er kommt in diese Welt fremd, und diese Welt wird ihm feind.
400 Jahre zuvor beschrieb der altgriechische Weise *Platon* eindringlich das zwangsläufige Schicksal eines Gerechten in dieser Welt:
Ein wahrhaft Gerechter, sobald er erscheine, werde gefesselt, gegeißelt, gefoltert, geblendet und – nach allen Leiden – endlich gepfählt werden.
Eine realistische Voraussage. Sie spiegelt die Logik dieser Welt, die Gesetze des Dschungels. Solch ein Mensch, ein Gerechter ist "peinlich". Schon sein Auftritt setzt die anderen ins Unrecht.

So erging es vielen Nachfolgern Jesu auch.
Aber diese Logik - es musste ja so kommen - erfasst Jesus noch nicht einmal zur Hälfte.
An Jesus muss den Menschen, *die ihn näher kennenlernten*, aufgegangen sein, daß er nach einer anderen Regel lebte – bis in den Tod.
Von Jesus drohte keine Gefahr, keine Feindschaft, vielmehr erschien er als Helfer und Hilfe in Person: den Armen, Ausgestoßenen, Beiseitegeschobenen, Sündern zumindest, nicht freilich den Mächtigen, die jeden, den das Volk verehrt, als Rivalen und Unruhestifter verdächtigen.
Wie seine Auseinandersetzungen zeigen, war auch Jesus aggressiv begabt. Doch wird den Menschen klar: Jesus führt sein Leben nicht als aggressiven Feldzug gegen andere. Er will, daß das Schwert in der Scheide bleibe, und fordert keine himmlischen Legionen an zur Abwendung seiner Verhaftung und Hinrichtung. Er lebt das Modell des „Gehorsams" – so der biblische Titel für seine Gewaltlosigkeit wie für das Grundvertrauen, daß ein *Anderer* sein – Jesu – Leben *behaupten* werde.
Eben dies ist das Osterzeugnis der Jünger: die Erfahrung, daß jener *Andere*, dem Jesus sich in Leben und Sterben anvertraut hatte, ihn gegen die Mächte von Bosheit, Hass, Gewalt und Tod *behauptet* und *erhalten* hat.
Doch hier meldet sich wieder das *Dilemma*, in dem wir stecken:
Oft genug sind unsere Nächsten Wölfe. Die ständige Gehirnwäsche, die uns der gesellschaftliche *mainstream* auferlegt, fordert „mit den Wölfen heulen" und „Jeder muß selber sehen, wo er bleibt"!
Dieses Dilemma wird auch überzeugten Christen zur Belastung.
Der Apostel *Paulus* wusste es wohl. Nicht zufällig in der Ich-Form klagt er: *Das Gute zu wollen liegt in mir, doch es zu verwirklichen – nicht; denn nicht das Gute, das ich will, tue ich, sondern das Böse, das ich nicht will, praktiziere ich. Wenn ich aber tue, was ich nicht will, bin nicht ich es, der es realisiert, sondern die in mir wohnende Sünde* (Röm 7,18ff).
Er schließt: *Ich unglücklicher Mensch, gefangen im Gesetz der Sünde in meinen Gliedern* (Röm 7,23f).
Sehr realistisch weiß *Paulus* um menschliches Unvermögen zum Gutsein. Doch hat er eine tröstliche Gewißheit: *Wenn der Geist dessen, der Jesus von den Toten auferweckte, in euch wohnt, wird er, der Jesus auferweckt hat von Toten, auch eure sterblichen Leiber lebendigmachen durch den euch einwohnenden Geist* (Röm 8,11).
Diesen Geist aber haben Christen bereits wie eine "Anzahlung" empfangen. Darum rät *Paulus* ihnen, sich vom Heiligen Geist in ihnen drängen zu lassen zu alternativem Handeln, alternativ zur Welt (v 13f). *Denn* - schließt *Paulus* - *Gott ist es, der in euch das Wollen und das Vollbringen wirkt* (Phil 2,12f). Wir dürfen Christentum nicht moralisieren, so, als läge es nur am guten Willen, ob wir christusförmig handeln oder nicht. Nein, *normal* ist der „Adam" in uns: „mit den Wölfen heulen", handeln nach der Art „Wie du mir, so ich dir", „jeder ist sich selbst der Nächste", usw.
Normal ist, daß die Weltmenschen mitleidig lächeln über die „Naiven", die

noch „an das Gute im Menschen glauben".
Über die Christen schrieb jedoch der Schriftsteller *Heinrich Böll* einmal nachdenklich: *Hin und wieder gibt es sie ..., und wo einer auftritt, gerät die Welt in Erstaunen.*
Warum ist das so? Handelt ein Mensch einmal anders, alternativ, geschieht vor unseren Augen ein *Wunder,* vollbringt Gott an/in einem Menschen eine kleine *Auferstehung vom Tode,* eine Befreiung von der Fessel der Sünde.
Vor vielen Jahren sagte *Roger Schutz,* Gründer der Gemeinschaft von Taizé, über den ermordeten schwarzen Bürgerrechtskämpfer *Martin Luther King: Jeder Mensch wird bewohnt von Gewalt, auch Martin Luther King. Doch der Gebrauch, den er von ihr machte, war so selbstlos, daß in ihm ein Anderer sichtbar wurde.*
Hier leuchtet eine Spur auf: "Licht der Welt" sind Christen, in deren Art zu handeln "ein Anderer sichtbar wird": Christus.
Aber das gelingt uns so selten!?
Nein, es gelingt nicht uns, sondern dem Hl. Geist, der in uns wohnt - wir können uns ihm nur Tag für Tag öffnen. Wenn der Hl.Geist nur hin und wieder in unser Leben und Verhalten durchbricht, macht er, in Seinem Licht, Gott sichtbar in uns und durch uns.
Wir sollten nicht verzagen, wenn wir das Gefühl haben, wir würden so selten "christlich" oder *edel* leben und handeln.
"Gott wirkt das Wollen und das Vollbringen", schreibt *Paulus.* Wir können für Mitmenschen schon anfangen zu leuchten, wenn wir, unserer Schwäche bewusst, Christus demütig die Treue bewahren.
Auch diese schlichte Treue, die äußerlich wenig bewirkt, kann der Anfang jenes Sieges sein, durch den Christus die Welt überwindet.

IST ANBETUNG PASSÉ ?

Sehr geehrte Frau W.,

da ich erst jetzt von einer Fortbildung zurück bin, konnte ich nicht früher auf Ihre freundliche Anfrage antworten.

In F. hatte ich mit zwei Dutzend Teilnehmern eine ganze Arbeitswoche Zeit für Ihr Thema – die Möglichkeiten der Teilnehmer, Rückfragen zu stellen, und die Gelegenheit für mich, bei den wichtigsten Aspekten des Themas weiter auszuholen, Missverständnisse auszuräumen, war dort natürlich in anderem Umfang gegeben, als es ein kleiner Brief zulässt.

Was ich zuvor im einstündigen Vortrag vor Ihrer Gemeinde, den Sie sich anhörten, gesagt oder nicht gesagt habe, ist mir nicht sehr deutlich im Gedächtnis. Es mag sein, dass ich etwas zu rasch von Jesu Vertrauen in den Willen des „Vaters" gesprochen habe.

Jedenfalls haben Sie Recht, wenn Sie erinnern, dass Jesus sich seiner Berufung vom „Vater" immer wieder neu vergewissern musste, und dass ihm das an bestimmten Kreuzungen seines Weges auch schwergefallen sein muss – als sich etwa abzeichnete, dass Gegner und Feinde seiner Botschaft und ihrem Botschafter ein gewaltsames Ende zudachten.

Wie es im *Hebräerbrief* heißt, hat Jesus auch „durch Leiden den Gehorsam gelernt" („Gehorsam" ist als Glaubens-Gehorsam zu verstehen und meint Jesu Treue zu seiner Sendung).

Anders als neuerdings besorgte Katholiken behaupten – Jesus als „Gottessohn" habe nicht geglaubt, sondern „geschaut" –, nehme ich mit vernünftigen Theologen auch das nach dem Glaubensbekenntnis *volle Mensch*-sein Jesu ernst; und dazu gehört eben auch das *Lernen*, überdies das *Leiden* an einem – zeitweise – *unverständlichen* Gott.
Dass seine Jünger und „Freunde", als es ernst wurde, so wenig mutig und eindeutig zu ihm standen (eher im Gegenteil), muss Jesus zusätzlich verunsichert, ja geschmerzt haben.

Und Jesus starb am Kreuz wohl auch den menschlichen Tod: ins Dunkel hinein, gehalten nur von seinem Vertrauen in vorausgegangene Wegweisungen des „Vaters", erkannt in jenen Momenten, wo er sich vom "Betrieb" und Gewimmel zu einsamem Gebet zurückgezogen hatte.

Wenn ich, so wie Sie mich wiedergeben, gesagt habe, das eucharistische Brot sei uns zum Essen gegeben, nicht zum Anschauen, dann war der Satz *provokativ* gemeint.

Seit dem Hochmittelalter nämlich wurde das gläubige Volk immer mehr vom Kommunionempfang ferngehalten und hat man die Hürden davor immer höher gesetzt („zur Sicherheit immer zuvor beichten!" - habe ich noch in meiner Jugend gehört).

Papst Pius X. hat, anfangs des 20. Jahrhunderts, zu früher - damit häufigerer - Kommunion schon der Kinder ermuntert.

Statt an die aktive sakramentale Kommunion hatte sich das Volk lange Zeit an die sogenannte Anschauungs-Kommunion (Tabernakel, Monstranz) durch betende Betrachtung gewöhnt. Ich erinnere mich noch, dass in der Nachkriegszeit, bis in die Sechziger Jahre, jene wenigen Mutigen, die öffentlich zur Kommunion gingen, Aufsehen erregten (waren sie denn würdig? hatten sie gebeichtet?).

So mancher Pfarrer ließ in der Sonntagsmesse die Kommunion-Austeilung einfach ausfallen - es wollte sie ja doch niemand ...

Seit dem 2. Vatikanischen Konzil und seiner Reform der Liturgie hat eine starke Bewegung zu häufiger aktiver Kommunion der Christen eingesetzt und bildete sich das Bewusstsein, sie sei der Normalfall für die Teilnahme an der Eucharistiefeier (es sei denn, man wäre sich schwerer Sünde bewusst).

Allerdings bildete sich auch eine konservative Gegenbewegung frommer Leute, die den häufig Kommunizierenden unterstellen, sie täten es "unwürdig" (so, als könne man es den Leuten ansehen oder könne vornehm distanziert und mit Pauschalurteilen vor Gott ´punkten`). Allerdings ist einzuräumen, dass das Bewusstsein für "Sünde" unter den Gläubigen abgenommen hat (nachdem man es lange - zu - sehr betont hatte) und damit auch das Buß-Sakrament weniger gefragt ist.

Übrigens hat bereits das gegenreformatorische Trienter Konzil im 16. Jahrhundert aus gutem Grund, mit schlechtem Gewissen (vor den Reformatoren) und unmissverständlich erklärt, Jesus habe die Eucharistie *„zur Speise* eingesetzt".

Freilich hat es auch die Übung betender Verehrung dieses Sakramentes verteidigt (gegen die Reformatoren).

Heute besteht – auf der Basis der Liturgiereform des letzten Konzils – unter verständigen Bischöfen, Theologen und Gläubigen Konsens, dass primärer Sinn und Zweck von Hostie und Kelch der *Genuss* ist, dass jedoch *auch* deren betend- betrachtende Verehrung zu respektieren sei, soweit die Formen der Verehrung nicht den Erst-Sinn des eucharistischen Sakramentes behindern oder verdunkeln.

Als Theologe sehe ich daher keinerlei Problem, wenn Sie, wie Sie schildern, vor dem Tabernakel Einkehr halten, solange Ihnen dabei bewusst bleibt, dass Ihre – etwa sonntags – sakramental erneuerte Vereinigung (communio) mit Christus innerhalb der Gemeinde – sie ist „Leib Christi" (Apostel *Paulus*) – Erst-Sinn der Christus-Verehrung ist.

Erst dann wirkt sich die Vereinigung mit Christus in alle Dimensionen des Lebens wie des Glaubens aus.

Wie oft Sie die "Kommunion empfangen", ist dann persönliches Ermessen.

In der Hoffnung, dass Ihnen diese Zeilen eine kleine Hilfe sind, grüße ich Sie herzlich ......

JESUS ALS BROT ?

Die große Brotrede Jesu im Johannesevangelium.(6,22-59) ist nicht leicht zu fassen.

Seine Rede in Auseinandersetzung mit damaligen jüdischen Zuhörern zeigt: ein Verständnis für Hingabe und Tod Jesu war schon damals, etwa in der Johannesgemeinde, nicht einfach. Geht es doch bis heute für viele darum, wer dieser Gott ist, der hinter dem Kreuzestod Jesu steht.

Es gibt dazu ein Schlüsselwort von Jesus selbst:

"Meine Speise ist es, dass ich den Willen dessen tue, der mich gesandt hat, und sein Werk vollende" (Joh 4,34).

Lassen wir dieses Wort auf uns wirken: Da spricht einer davon, was er entdeckt hat, davon, was sein Leben ausmacht, was ihn am Leben hält und was ihn erfüllt!

Dieses Zeugnis atmet Entdecker-Freude. Jesus redet von so etwas wie dem Sinn seines Lebens: den Willen Gottes tun, ihn *voll*-enden - dafür lebe ich!

Im VaterUnser-Gebet, das Jesus die Jünger lehrt, bitten wir exakt auch dafür, dass Gottes Wille geschehe und sich durchsetze.

Was ist Gottes Wille? Das Evangelium sagt es: Gottes Wille ist, dass alle, die an ihn glauben, d.h. die ihm vertrauen, "das ewige Leben" haben.

Leute mit Lebensproblemen bekennen nicht selten, sie könnten das Vater-Unser nicht mehr beten, weil es darin heiße "Dein Wille geschehe".
Möchte es doch heißen: *mein Wille geschehe* und setze sich durch!

Doch hier beginnt ja der Glaube an den Gott des Lebens!
Gottes Wille ist kein anderer, als uns *das Leben* anzubieten, ein Leben, das die momentane Not übersteht und überlebt! Leben, das selbst der Tod nicht töten kann!

Das gilt freilich von *Seinem* Leben - unseres ist ja vergänglich.

Aber die vielen Leiden dieser Welt! Todbringende Leiden! Ja, sie sind hart und wollen aufrecht bestanden werden.

Als die falschen Brüder des biblischen *Josef* hungernd vor ihn treten, seine Rache fürchtend, erklärt er: "Ihr habt Böses wider mich geplant- aber Gott hat`s umgefügt zum Guten!" (Gen 50,20)

Nun sollen wir zu begreifen anfangen: solches Leben, das selbst den Tod überlebt, bietet Jesus den Zuhörern an, den Zuhörern im Evangelium, zu denen auch wir gehören.

Was will ich denn anderes - will er ihnen klarmachen -, als die Speise, die mich selbst stärkt und leben lässt, mit euch zu teilen?! Damit sie auch eure Speise sei, aus der ihr Leben und Lebenskraft schöpft!

Sagen wir es im Gebetswort der unvergessenen Benediktinerin und Dichterin *Silja Walter*:

Du rufst mich heraus aus mir selbst,	*Ich hör deinen Ruf,*
	hier bin ich!
in dein Geheimnis und Leben,	*Führ mich heraus aus mir selbst,*
und willst mir zu essen geben,	*damit ich mich zuwend den andern,*
	die alle mit mir
So sehr liebst du uns, liebst du mich.-	*dich rufen hören und wandern*
Du hast auch mich aus Ägypten gerufen.	*gemeinsam im Glauben an dich.*

Wir feiern Eucharistie. Eucharistie heißt Dank!

In der Eucharistie *gedenken* und *danken* wir - das ist einunddasselbe. Wir danken dem "Vater" im Gedenken an Jesus, der "sich aus freiem Willen dem Leiden unterwarf" (2. Hochgebet), dem Leiden, das jene ihm zufügten, die ihn missverstanden, ja hassten, weil sie fürchteten, er wolle ihr Gottesbild zerstören und zuletzt sie selber.

Gott aber will uns, die er ins Leben gerufen hat (in ein vorab vergängliches Leben), Gott will, dass wir Anteil an seinem eigenen Leben bekommen. Darum ruft er uns zur Kommunion, das heißt zur Gemeinschaft - Gemeinschaft mit Christus und miteinander. Wir sollen - sagt Paulus - Glieder am "Leib Christi" werden. Aber nicht nur für uns selber:

Führ mich heraus aus mir selbst, damit ich mich zuwend den andern (Silja Walter)

Wir sind gerufen, das geweihte Brot, das wir empfangen, einander weiterzugeben, d. h. selber Hostien zu werden, lebendiges Brot Christi - anderen also auch die Speise weiterzugeben, aus der Christus selbst lebt.

Dann ist Christus wie ein Regenbogen über uns - vergleichbar jenem, der uns nach Gewittern tröstet.

LEID ALS CHANCE ?

Menschen fragen seit jeher nach dem *Sinn* von Leiden: Sinn ihrer Leiden, Sinn des Leidens ihnen nahestehender Menschen, Sinn des Leidens der Opfer von Unglück, Siechtum, frühem Tod, Katastrophen ...

Der Tsunami von 2004 etwa mit zahlreichen Toten, Verschollenen, Verletzten erschütterte weltweit die Seelen unzähliger Menschen.

In einem aktuellen Kriegsfall wird jungen Soldaten erklärt, wenn sie für ihr Land ihr Leben lassen müssten, hätte ihr Leben wenigstens einen Sinn gehabt. Was die Frage auslöst, ob ein friedliches Leben sinn*los* sei ...

Die Frage nach dem Leid und dessen Sinn gilt weit herum als unlösbar.

Das biblische *Buch Ijob/Hiob* widmet sich ausführlich dem Problem des Leides, führt es auf die von Menschen unerreichbare Weisheit des Schöpfers zurück.

Der antike Philosoph *Platon* warb in seiner Schrift *Über die Gesetze* für eine ähnliche Lösung für das Leiden einzelner.

Für den modernen Verstand ist das keine Lösung, im Grunde deshalb nicht, weil man eine *handliche*, menschlicher Logik fassbare Lösung sucht und will. Bezugnahme auf Gott als Schöpfer, auf seine Weisheit gilt als gescheiterte Lösung, als Kapitulation.

Aber der vor 300 Jahren (1724) geborene Aufklärungsphilosoph *Immanuel Kant* bemühte sich, die Neigung seiner rationalistischen Zeitgenossen, das Problem des vielfachen Leids der Geschöpfe rational, via Denksport, aufzulösen, als absurd und unlösbar aufzuzeigen. *Kant* deutet aber an, dass die Frage nach dem Leid innerhalb des *Glaubens* Antwort finden könnte.[*]

Doch dieser Hinweis schreckt viele ab. Nicht wenige halten es mit *Albert Camus*, der mit Hilfe des griechisch-antiken *Mythos von Sisyphos* eine rein *menschliche* Antwort auf das Leid zu buchstabieren versucht.

Der mythische König *Sisyphos*, bestraft von den Göttern, weil er, da er nicht sterben wollte, den *Tod* mit List in seine Gewalt bekommen und gefesselt hatte, muss, von *Zeus* gezüchtigt, zu ewiger Strafe einen Fels auf einen Berg rollen, welcher Fels aber, oben angekommen, den Händen entgleitet, wieder in die Tiefe rollt, also die ganze Anstrengung des Menschen von vorn beginnen lässt.

Camus interessiert der Verurteilte, der sein Schicksal annimmt und gegen den Fels selber *steinhart* wird. Darin feiert er *gleichsam seine Auferstehung*, wobei sein wiederkehrendes Sich-abmühen am Stein das "Gethsemane" des *Sisyphos* sei. Während der Verurteilte zu seinem Stein zurückkehrt, sei er,

---

* Näheres bei *K.P. Fischer*, Schicksal in Theologie und Philosophie (Darmstadt 2008), 77-82

meint *Camus*, "seinem Schicksal überlegen" und finde, dass "alles gut" ist.
Für *Camus* vollendet der Mensch die Schöpfung, indem er ihre Absurdität
akzeptiert und unaufhörlich gegen den Stein und sein eigenes sinnloses
Dasein aufsteht und rebelliert.[**]

Camus starb jung (mit 47J), man könnte sagen: *absurd, sinnlos* bei einem
Verkehrsunfall - möglicherweise ohne echte Chance, den *Sisyphos* auf sein
eigenes Leben anzuwenden.

Die Lebenden sind jedoch den Vorausgegangenen verbunden durch ihre je
vielfache Leiderfahrung. Wie *Camus* und andere vor ihm fragt der Mensch
einer jeden Zeit nach dem Sinn oder Un-Sinn des Leides - und damit des
Lebens überhaupt.

Denn immer wieder gibt es Stunden, wo Rückschläge, bittere Erfahrungen,
Enttäuschungen sich häufen. In Ruhemomenten, aber auch unvermittelt
sonst durchzieht eine leise, doch spürbare Schwermut unser Bewusstsein.
Während solcher Augenblicke, ja manchmal Stunden haben wir das Gefühl,
unser Leben habe kein Gewicht, es müsse ein Leichtes sein, es abzuwerfen.

Je länger und häufiger die Schatten werden, die sich über uns legen, desto
mehr versinkt auch *Gott* hinter dem Horizont unserer Ängste und Nöte.
Der "Vater" wird dann seltsam unwirklich in unseren Gedanken und Gebeten
(soweit wir sie noch sprechen).
Fragen steigen auf (ob überhaupt ein Gott *ist*?), und Worte, die ihn nennen,
wirken sonderbar leer, kraftlos, ja geschmacklos. Es keimt der Verdacht, die
"Frohe Botschaft", der Glaube an Jesu Auferstehung, die Kirche, ihr Betrieb,
der riesige Apparat und Aufwand seien ein einziger, ungeheuerlicher Betrug,
und eine Selbst-Täuschung vorab.

Auch verleihen dann unbestreitbare Irrtümer, Entgleisungen, ja Verbrechen
von Seiten ihrer Repräsentanten (hoch oder niedrig) Glaube und Kirche ein
fratzenhaftes Aussehen. Betroffen schrecken wir zurück, tief geängstigt von
der Anwandlung, vom Verdacht, Glaube, Treue und Liebe seien nichts als ein
teuflisches Verwirr-Spiel, uns vorgegaukelt von bösen Mächten.

Kann man diesen Stimmungen und ihrer Sogwirkung entkommen?

Es hat den Anschein, dass wir den Leiden, ihren Ängsten, ihren plagenden
Verlustgefühlen entkommen können, wo wir uns einüben ins Lassen, ins
Über-Lassen, ins Verzichten und Schenken.

Es gibt neben den Erfahrungen des Bekommens, Habens und Besitzens die
gegenteiligen Erfahrungen des Verzichtens, des Loslassens, Gebens und
Schenkens. Wir Menschen wollen nicht immer nur haben und empfangen,
sondern auch hergeben, verschenken: etwas, ein Stück von uns selbst. Wer
immer nur haben will, wird unglücklich - so ist die Welt nicht eingerichtet.
Wir erleben Momente von Glück, wenn wir schenken können, dürfen und
damit anderen eine Freude oder Hilfe sein. Wo wir von Herzen verzichten,

---

[**] Vgl. *Fischer*, Schicksal, 139f

wird das Verlustgefühl aufgewogen und überstimmt von der Freude, die das Schenken auslöst: bei Mitmenschen, auch bei uns selbst.

Überhaupt sind wir Menschen, je älter wir werden, aufs Verlassen, Verlieren, Verzichten, Verschenken gestimmt.

Erinnern wir uns nur, was alles wir nicht behalten können, sondern hergeben, verlassen, hinter uns lassen müssen: Familie, erste Freunde und Freundinnen, die "erste Liebe", lau gewordene Kontakte und Bekanntschaften. Wir müssen Abschied nehmen von vielen Formen unseres früheren Ich. Wir müssen also auch immer wieder Abschied nehmen von uns selbst, von uns Nesthockern mit ihrer Bequemlichkeit, Passivität und Gleichgültigkeit. Wir müssen lernen, "über unseren Schatten zu springen", Abschied zu nehmen von der Gegenwart und sie zu unserer Vergangenheit zu machen.

Wie können wir das? Was hilft uns dazu? Wir folgen mal gern, mal zögerlich einem inneren wie äußeren Drang des Vertrauens, Vertrauenwollens darauf, dass Schritte über das Jetzt hinaus, über das sicher geparkte Ich hinaus uns führen wollen, werden je mehr zu uns selber, näher zu unserem Sinn, Ziel, unserem *Heil*.

Davon singt, recht verstanden, ein bei *Paulus* überlieferter frühchristlicher Hymnus:

Er war wie Gott,

hielt aber nicht daran fest,

Gott gleich zu sein, sondern entäußerte sich,

wurde wie ein Sklave und den Menschen gleich.

Sein Leben war das eines Menschen;

er erniedrigte sich und war gehorsam bis zum Tod,

bis zum Tod am Kreuz.

Darum hat ihn Gott über alle erhöht

und ihm den Namen verliehen,

der jeden Namen übertrifft:

Herr ist Jesus Christus.

(Phil 2,6-9. 11)

Paulus sieht am Beispiel Jesu die Selbstentäußerung als Zielform der Liebe. Er folgert daraus, Christen seien dazu berufen, an Christus nicht bloß zu glauben, sondern auch - um ihrer selbst willen - für ihn zu leiden (Phil 1,29).

Damit stellt er uns nicht nur eine christliche Haltung vor.
Er will uns vielmehr ahnen, ja verstehen lassen, dass in der völligen Selbstentäußerung, Selbstentblößung das tiefste Geheimnis unserer eigenen Existenz liegt: ihr Zielsinn, die not*wendige* Reifung von kindhaft-aggressiver

Selbstbehauptung zu *selbstlos* hingebender Liebe.

Die geheime Summe dieser Reifung sehen und hören wir in und mit der Gemeinde: "Das ist der Leib, für euch gegeben/das Blut, für euch ausgegossen".

Hier offenbart sich das äußerste, schmerzvolle *Leid als Liebe* und schenkt sich uns zugleich als Hoffnung. Das äußerste Leid, in Liebe eingegangen, als Chance unseres Leben.

LIEBE "IN ARBEIT"

„Die Liebe hört niemals auf", hören wir vom Apostel Paulus.

Doch viele von uns werden sogleich fragen: Ist das denn wahr? Erlebt oder hört man nicht fast täglich das Gegenteil?

Nun, das Hohelied der Liebe bei *Paulus* spricht nicht nur von „Liebe". Es spricht darüber hinaus von Güte, Wohlwollen, Geduld, vom Widerstand gegen egoistische Regungen; es spricht die Fähigkeit an zu vergeben, die Fähigkeit, alles zu (er-) tragen; preist die Liebe, die alles glaubt und hofft.

Die Alten Griechen unterschieden etwa *Eros* und *Agape*, die Lateiner *amor* und *caritas*, die Franzosen *amour* und *charité*.

Um *Agape* bzw. charité/caritas im Deutschen zu fassen, müssen wir umschreiben: *Paulus* meint die reife Liebe, die ein Mensch hat, der fähig ist, sich selbst zu übersteigen, sich zu geben, zu schenken.

Daher zitiert er an anderer Stelle den Satz: „Einen fröhlichen Geber hat Gott lieb" – einfach deshalb, weil der fröhliche Geber Ihm – Gott selbst – nahe kommt. In seinem sogenannten "Hohenlied der Liebe" (1Kor 13) macht *Paulus* klar: die erotische Liebe kann und muss wachsen, bis sie reif ist, reif zu vertrauen, zu verzeihen, zu tragen, zu schenken.

Tut oder kann sie es nicht, wird sie keine Dauer haben und die Empfänger verstören ("frustrieren").

Aber – vielleicht fühlen wir es – ein solcher Reifungsprozess der Liebe fordert *Arbeit*.

Liebe, die in Arbeit ´ausartet` ...

Sehr junge Menschen können noch staunen über so eine grotesk klingende Behauptung. Die Erfahrenen aber wissen: Ja, so etwas bedeutet Arbeit – Arbeit, welche die Partner, jede und jeder für sich und an sich, aber auch gemeinsam - miteinander und füreinander - leisten müssen.

Ja, *müssen* – nicht irgendein Gebot verlangt das, sondern das Leben selbst – genauer: die gemeinsame, liebende Bewältigung des Alltags, des Lebens - der *Liebe*.

Wer eine Großstadt durchquert, begegnet unvermeidlich Baustellen, immer wieder: der Verkehr verlangsamt, staut sich, muss da und dort umgeleitet werden. Das kostet Zeit, Nerven, Geduld.

So ähnlich auch die gemeinsame Lebensfahrt durch die Welt der Liebe und Partnerschaft: Immer wieder ergeben sich Baustellen, wo man anhalten muss, wo der Weg zu verbreitern oder zu begradigen ist, ein Hindernis umfahren oder abgetragen werden muss. Da rinnt der Schweiß und kocht das Blut ...

Noch etwas ist zu bemerken. Jede(r) von uns – Ältere wissen es gut genug – ändert sich im Lauf der Jahre. Wir entwickeln uns zwar nach innerem Gesetz, aber auch im Echo auf die Aufgaben, die das Leben stellt. So kommt es nicht selten vor, dass Partner eines Tages wahrnehmen: Meine Frau, mein Mann ist *anders* geworden: ein anderer Mensch als der, den ich einmal gekannt, den ich geliebt habe! Ist mir *fremder* geworden!

Solch eine Wahrnehmung ist eine erschreckende Entdeckung. Man kann sich aber darauf vorbereiten und so vermeiden, dass der Schreck tödlich wird: durch angewöhnten, persönlichen Austausch im echten und wahrhaftigen Gespräch, wo man erfährt, was das Du bedrückt, was es sucht, braucht, sein möchte oder erreichen will, was ängstigt oder abstößt, wo es verzeihen will oder Verzeihung braucht.
Die Fahrt durchs Leben zu Zweit stößt immer wieder auf Baustellen.

Die Ehe unter Christen wird geschlossen in einer Kirche, in der Gemeinschaft der Glaubenden, gleichsam vor Gottes Antlitz. Vor Gott, der selbst der große Liebende ist. Er offenbart seine Liebe in Jesus Christus. In ihm nimmt Gottes Liebe - eine liebende Torheit - das ganze Menschenleben auf sich, bis hin zu Kleinmut, Unverstand, Hass, Todfeindschaft.

Alle menschlichen Abgründe werden von Gottes Liebe erreicht und umfasst, um sie durch Gottes je größere Liebe aufzufüllen und zu heilen.

Wie Maria, die Jünger und der römische Hauptmann vor Jesu Kreuz, so stehen auch wir manches Mal fassungslos vor unserem Kreuz und stammeln: *Was ist da passiert? Hier hängt meine Liebe am Kreuz! Ich habe meine Liebe gekreuzigt!*

Den Menschen, der mich liebt(e), habe ich *gequält und schließlich ans Kreuz geschlagen!*

Doch Gottes Liebe zu uns Menschen stirbt nicht am Kreuz. Sie geht durch den Tod hindurch und wird zu neuem Leben. Im Blick auf *diese* Liebe wagt Paulus mit den frühen Christen zu sagen: *Die Liebe hört niemals auf!*

Der gläubige Blick auf diese Liebe - sie wird den Liebenden von Gott als Hochzeitsgeschenk mitgegeben - darf beim Gehen-müssen durch finsterste Schluchten sagen: Ich fürchte nichts Böses für uns, denn Du, Gott, bist bei mir, bei uns! Dein Hirtenstab über uns gibt Mut, gibt Zuversicht!

Spätestens auf unserem Weg nach Emmaus wird der gekreuzigte Liebende zu uns stoßen, unsere Erfahrungen und Leiden erhellen und die Gemeinschaft mit uns erneuern.

JESUS VERURSACHT EINEN SKANDAL

Der Zöllner *Matthäus* (bei Mk/Lk heißt er *Levi*) wird von der Zollstelle weg als
Mitglied der Jesusjünger geworben.
In der damaligen, politisch sehr unsicheren Zeit waren viele Männer bereit,
sich von jetzt auf nachher einem Führer oder "Leader" gegen die römischen
Besatzer, ja womöglich dem längst erwarteten "Messias" anzuschließen -
heißt, eine Chance wahrzunehmen, die Erlösung aus dem bedrückenden
Alltag versprach. Viele Menschen waren ´auf dem Sprung`.
Der Evangelist fügt nun aber diesem Beginn eine kleine Erzählung an, wel-
che die Bedeutung der *Matthäus-* (*Levi-*) Berufung anschaulich machen soll.
Die Erzählung (Mt 9, 9-13) ist vielen Ohren so vertraut, dass man ihre direkt
brutale Provokation leicht überhört oder überliest.
Die Jünger liegen (nach Sitte der Antike) mit Jesus in seinem Haus beim
Mahl.
Zur Verwunderung der Zeugen halten Jesus und seine Schüler Tischgemein-
schaft mit "vielen" Zöllnern und "Sündern", mit unfrommen Leuten, bekannt
dafür, dass sie sich nicht an das nach Mose benannte heilige Lebens- und
Bundesgesetz hielten.
Jesus lädt also die verrufensten Menschen von Nazaret bei sich zum Essen
ein: Betrüger, Erpresser, Agenten, bekannte Kriminelle sowie Ungläubige der
Gesellschaft seines Städtchens - Leute, um die alle Anständigen und Frommen einen großen Bogen aus Hass und Ekel machten.
Im Orient, auf dem Land isst man oft nicht unsichtbar hinter verschlossenen
Türen wie in den Städten der Nordhalbkugel. Oft kann man von außen hinein-
und zuschauen. Zudem ist es Abend, der Raum, die Räume sind beleuchtet
(daher der Ausdruck "Abendmahl"). Und was sie sehen, entsetzt die Zeugen,
die "Gucker": die Leute, die Jesus eingeladen, die er an seinen Tisch geladen
hat, sind "das Letzte"! Mit "Abschaum" umgibt er sich, teilt mit ihnen gar das
Mahl, heißt, die Lebensgrundlage! Verhält sich wie ihr Bruder und Freund!
In ihrer Erregung machen die Zuschauer sich vernehmlich Luft so, dass es
Jesus hört. Die Empörung der Zeugen wächst, die Situation droht zu eskalie-
ren, Jesus muss Stellung nehmen.
Aber statt sie zu beruhigen, befremdet Jesus die Zeugen noch mehr.
Er appelliert an die Barmherzigkeit, an Menschenfreundlichkeit: ´ihr seht doch
nur das Äußere!
Diese Gäste sind meine Freunde, weil sie, was ihr nicht seht, tief innen Un-
glückliche sind, Menschen, die an sich selber leiden *und* an euch! Sie brauchen Zuwendung, Verständnis - das ist es, wonach sie wirklich hungern! Was
sie hier zu essen und zu trinken bekommen, ist also mehr als das, was ihr auf
den Tischen seht!`
Das kurze Evangelium ist in wenigen Sätzen ein geballter Appell an Hörer
oder Leser, *hinter* die Fassade der Menschen zu schauen, ihren tieferen

Hunger zu erspüren, ihnen vorab Zuwendung und schlichten Respekt zu 'essen' zu geben.

Doch das ist für viele von uns leichter gesagt als getan. Wer von Jesus lernen will, muss klein anfangen; braucht Demut und Übung: übende Annäherung an jene Menschen, die ein ärmliches Leben *à part* führen! Annäherung beginnt mit Respekt, mit wohlwollender Aufmerksamkeit.

Das wäre schon viel! Sind wir ja selten mehr als Grundschüler des Evangeliums.

Vor einiger Zeit wanderte ich am Samstag Nachmittag durch die Innenstadt. Sie war voller betriebsamer Menschen auf Einkaufstour, die achtlos an einander vorbeifluteten. Plötzlich stand vor mir eine traurig blickende, ärmlich gekleidete junge Frau, ein Kleinkind auf dem Arm, und bat um eine Gabe. Ich hatte kurz mitbekommen, dass sie zuvor auch andere Passanten und Flanierer um eine Gabe gebeten hatte, aber ignoriert worden war wie eine Unberührbare. Ich blieb stehen, suchte nach einem Geldschein und steckte ihn ihr wortlos zu, worauf sie sich mit angedeutetem Lächeln entfernte.

Aber o Wunder! Die vielen Leute, die eben noch achtlos durcheinander fluteten, mit sich, ihren Vorhaben und Besorgungen beschäftigt, hatten das kleine Intermezzo mitbekommen, hielten an und schauten sekundenlang verwundert, ja ungläubig auf die Frau, die sich entfernte, auf das Kind und auf mich. Alle hatten sie wahrgenommen, förmlich ignoriert, sie verurteilt oder hatten 'Schiss'.

Ein kurzer Moment nur im geschäftigen Treiben einer Stadt, der ein kleines Licht wirft auf den Vorfall in Nazaret.

SIEGER UND VERLIERER

Menschen möchten gern „vorwärts kommen", „vorn" sein, wo man bewundert
oder beneidet wird.
Ein Geschäft plakatierte im Schaufenster eine junge Frau mit dem Satz *Ich
steh` auf neidische Blicke!*
Nicht selten erlebt man, wie Menschen sogar buchstäblich die Ellbogen aus-
fahren, wenn sie etwas haben, wenn sie vorne sein wollen. Auch im Straßen-
verkehr wollen viele schneller sein als andere, den anderen zuvorkommen,
auch wenn sie keinen Zeitgewinn haben – es geht ums Prinzip.
Es ist der natürliche Trieb, den wir von den Tieren kennen: der oder die erste
beim *Fressen* zu sein.
Der, die Erste zu sein, sein zu wollen, wird uns von der Gesellschaft früh
beigebracht.
Eine Werbung brachte es vor einiger Zeit auf den Punkt: Niemand strenge
sich an, um Zweiter zu werden. Erster einer Prüfung zu sein, bringt „voran".
Als Erster die Antwort zu wissen, die Lösung eines Problems zu finden, das
bringt weiter, bringt „voran".
Vorankommen wollen alle. Die Gesellschaft belohnt das: in Schule, Wirt-
schaft, Parteien, Vereinen, sogar in der Kirche. Nobelpreisträger sind Erste
auf ihrem Gebiet. Bekannte Sportler sind oder waren die Ersten in ihrer
Sportart. „So sehen Sieger aus!", untertitelt die Presse gern entsprechende
Fotos. Hintendran, ein "loser" zu sein ist übel. Die Letzten werden als Verlierer verachtet, bestenfalls ignoriert.
Von ihnen aber redet Jesus im Evangelium. Die Sünder und die Zöllner, das
waren die Letzten in seiner Gesellschaft: die Verlierer in Sachen Moral, Fröm-
migkeit, in Sachen nationale Zuverlässigkeit. Dass Jesus mit ihnen gar Tischgemeinschaft hält, empört die anderen, die Vorbilder und Vorzeige-Figuren
der Gesellschaft: Pharisäer, Schriftgelehrte, Würdenträger.
Jesus rechtfertigt sich, indem er die kurzen Gleichnisse vom Hirten und von
der Hausfrau erzählt, die sich beide freuen, wenn sie ein verlorenes Schaf,
ein verlorenes Geldstück wiederfinden.
So etwas verstehen die Zuhörer. Doch wird es sie kaum überzeugt haben.
Denn Schaf, Geldstück, das ist eine Sache; die Mitmenschen, die sind eine
andere.
Wo es um Mitmenschen geht, erwacht das Bedürfnis, siegen zu wollen,
erster zu sein, vorgezogen zu werden, die anderen hinter sich zu lassen.
Und Pharisäer, Schriftgelehrte, sie waren ja „Erste" in der Achtung der Frommen und Würdigen.
Ihr Anspruch ist, die Aufmerksamkeit des angeblichen Propheten Jesus
müsste doch *ihnen* gelten, nicht diesen Verlorenen, allseits bekannten Verlierern, den ´Typen` vom letzten Platz.
Vor etlichen Jahren ging die Geschichte von einer jungen afrikanischen Läu-
ferin durch die Presse: sie, ein einzigartiges Laufwunder, siegte mühelos, mit

großem Abstand vor allen Konkurrentinnen. Ein erfahrener Trainer nahm sich ihrer an, um sie auf höhere Aufgaben vorzubereiten.

Als es um die Landesmeisterschaft ging, war das Mädchen allen Konkurrentinnen weit voraus, keine konnte ihr den überlegenen Sieg noch nehmen. Doch auf einmal verlangsamte die junge Frau ihre Schritte so lange, bis die anderen aufgeholt hatten, und erfreut lächelnd lief sie mit ihnen gemeinsam ins Ziel.

Ihr fassungsloser Trainer schrie sie an, sie habe den Sieg verschenkt, den Rekord, die Karriere. Doch es machte auf sie keinen Eindruck: Es sei doch viel schöner, gemeinsam mit den anderen zu laufen und ins Ziel zu kommen. Für sie zählte *Solidarität*. Sie liebte den Sport – aber ebenso das Miteinander, die Gemeinschaft, die Solidarität.

Umgekehrt weiß man – bekannte Leistungs- und Spitzensportler haben es mehrmals bestätigt –, dass man, um zu siegen, die anderen *hassen* können, als *Feinde* ansehen müsse. Entsprechend kann man über einen klaren Sieger, eine Siegerin nicht selten lesen, er oder sie habe den Konkurrenten, die Konkurrentin „vernichtet".

Ein Hymnus über Christus (Phil 2) sagt über ihn Verwunderliches: Er *war* der *Erste*: Gott gleich. Doch er hielt diesen Rang nicht fest, presste ihn nicht an sich wie ein ´gefundenes Fressen`, wie eine Beute, sondern entäußerte sich, stieg herunter, machte sich klein, wurde Mensch bei Menschen, sogar Diener. Zum Knecht machte er sich, gehorsam bis zum Tod am Kreuz! *Darum* – singt der Hymnus – hat Gott ihn über alle erhöht und ihm einen Namen verliehen, höher als alle anderen Namen ...

Christus wird in den Versen des Hymnus als *maßstäbliche* Gestalt beschrieben. Doch was kann das konkret bedeuten?

Nun, als Christen sind wir im Ansatz nicht anders, gar besser, als andere. Auch wir ´heulen mit den Wölfen`, weil uns oft nichts anderes übrig bleibt. Wer nicht ´mit den Wölfen heult`, hat in dieser Gesellschaft keine Chance, kann keine Familie, nicht einmal sich selbst ernähren.

Man muss wohl hinzufügen: diese Welt mit diesem Lebensgesetz des Vorwärtskommens auf Kosten anderer, die hat der Schöpfer gewollt, in sie hat er uns hineingestellt!

In diese Welt hat er aber auch Jesus, seinen „Sohn", hineingestellt.

Wir wissen, wie es mit ihm ausging: Er, nach dem Hymnus der Erste von allen, endete – verraten und verkauft – als Rang-Letzter am Kreuz-Galgen. Doch durch ihn, seine Lebensleistung, sein Kreuz und seine Auferweckung hat uns Gott eine Chance eröffnet, die es uns möglich macht, auch *alternativ* zu handeln!

Kraft und Energie, uns gegeben, um voran, nach vorne zu kommen, diese können wir, von Seinem Geist angesteckt, wenigstens zeitweise *auch* verwenden, uns klein zu machen für die Gemeinschaft mit den Verlierern; dort zu verweilen, wo ein Mitmensch uns braucht, unseren Beistand braucht, ein gutes Wort, unsere Zeit braucht.

Wie oft hört man stattdessen die Mitleidlosen sagen: „ich mach` doch nicht die Drecksarbeit für den oder die!" oder: „Der X hat doch tatsächlich einen Dummen gefunden, der`s für ihn macht!"

Christen jedoch, das heißt: mit dem Lebensgeist Christi Begabte sind berufen, die anderen ahnen zu lassen, dass Christen zwar *in* der Welt sind, aber nicht *von* der Welt!

Vielleicht „die Dummen" in den Augen von Egoisten, aber Schwestern und Brüder derer, die sonst verloren wären!

Der Apostel *Paulus*, der sein Leben radikal änderte, um auf der Christus-Spur weiterzureisen, machte die Erfahrung, dass sich ihm die irdischen Maßstäbe völlig umkehrten: was er früher als Gewinn, Sieg ansah, erschien ihm später nur noch als Verlust und Niederlage; was er früher als Verlust bewertete, erschien ihm am Ende als Sieg, als Gewinn!

Der Sieg nämlich und die Freude darüber, nicht solo, sondern *mit* den anderen, *mit*-einander ins Ziel zu kommen.

EIN BILD DER UNVERSÖHNLICHKEIT ?

Gegen das Kreuz, genauer gegen das Kruzifix hatte, wie auch so mancher
Zeitgenosse heute, der Dichter *Theodor Storm* starke Vorbehalte:

Jedem reinen Aug` ein Schauder,
Ragt es herein in unsre Zeit;
Verewigend den alten Frevel,
Ein Bild der Unversöhnlichkeit.

In der Tat: Wer nicht christlich glaubt, wer gar vom christlichen Glauben abge-
kommen ist, fühlt sich vor dem Kruzifix unwohl.
Frühere Generationen haben Kruzifixe als Zeugen ihres Glaubens in die Flur
gestellt. Sie sind da und dort kunstvoll, aber zumeist keine Augenweide.
Massiv erinnern sie an den "Ernst des Lebens" im Sinne des Evangeliums.
Viele müssten das Kreuz, zumal als Kruzifix erst lesen lernen.
Wie das "corpus", die am Kreuzbalken hängende Leiche, zeigen will, bezeugt
das Kreuz nicht nur Tod, sondern zuvor Schande.
Wenn römische Machthaber Menschen kreuzigten, nahmen sie ihnen damit
auch Ehre und Würde, fügten ihnen als erstes den sozialen Tod zu.
Kreuzigung hieß vollständige Erniedrigung. Gekreuzigte starben nackt und
bloß, Zielscheiben von Neugier, Hohn und Spott der Gaffer.
Paulus, einer der frühen Christen, hat *sein* Kreuz schon (voraus-) erfahren:
wir hängen vor der Welt am Kreuz, schreibt er, wir sind ihr zum bloßen
Schauspiel geworden (1Kor 4,9; Gal 6,14). Als hätte er unsere Zeit vorausge-
ahnt: *Die* dominierende *Welt* von Heute nimmt den christlichen Glauben nicht
ernst, hält ihn für vergeudete Zeit, für Heuchelei und anderes mehr.
Meinungsmacher fragen heute: was wollt ihr noch in der Kirche? Die Kirche
stirbt, die Leute treten in Scharen aus, Skandale enthüllen: sogar Inhaber
höchster Ränge nehmen nicht ernst, was sie predigen.
Das *Kreuz* besagt heute Tod in mehrfacher Form: den Tod Christi in vielen
Seelen. Christlicher Glaube im sogenannten Christlichen Abendland erscheint
am Aussterben, ähnlich einer gefährdeten Spezies.
In diesen Prozess mit Verwesungsgeruch sind heutige Christen einbezogen.
Unweigerlich meldet sich in uns die Frage: Wird auch mein Glaube sterben?
Sollte auch ich aus der Kirche austreten? Haben Christen noch Zukunft?
In dieser Frage-Qual mag man erneut, aber leise Jesu Rückfrage an die
Jünger hören: "Wollt auch ihr euch fortmachen?"
Vielleicht sagt unser Gedächtnis, was Petrus im Namen der Jünger erwidert:
"Zu wem sonst sollen wir gehen? Du hast Worte von ewigem Leben" (Joh
6,67f).
Das Kreuz - Jesu Kreuz, mein Kreuz, unser Kreuz - bedeutet wie erwähnt
Tod. Und Schande.
Doch das Kreuzzeichen, das Christen in Ost und West über Stirn und Brust

schlagen, bedeutet *mehr*: Auferstehen, Leben aus Gott, ewiges Leben.
Vielleicht vermögen wir ein Weniges vom Evangelium zu begreifen:
das Leben hinter dem Tod wartet nicht erst nach dem Exitus auf uns. Wir
haben das göttliche Leben mit der Taufe schon wie eine Art Anzahlung empfangen, so bezeugt *Paulus* (2Kor 5,5). Es ist, als sei der Lebensgeist Jesu auf
unsere Seele, auf unser Herz "heruntergeladen" worden (ohne Digital-Beleg).
Der *Beleg* kommt mit den *Erfahrungen*, die wir machen, wo wir sie zulassen.
Die Evangelien erzählen von Erscheinungen des auferstandenen Christus vor
seinen Jüngern, vor Maria Magdalena und anderen.
Aber der erscheinende Auferstandene ist fremd, *verwandelt.*
Sein neues Leben aus Gott trägt zwar die Wunden des alten in sich. Doch
seine Gestalt ist vorerst fremd, irritierend. Später erst erkennen die Jünger
Jesus als lebend: beim Brotbrechen, im Abendmahl.
Unerkannt geht Christus mit uns nach dem uns bestimmten "Emmaus". Dort
werden wir Ihn inmitten der Gemeinschaft erkennen, in *unerwarteter* Gestalt,
Erscheinung und Lebendigkeit. Dort, wo uns Anteil gegeben wird am Brot des
Lebens, der Seele, des Leibes.
Dann erwärmen seine Worte und Aufschlüsse neu unser Herz. Es bekommt
ja die *Frucht unseres ureigenen, verwandelten Kreuzwegs* zu kosten.

LEBEN TROTZ WUNDEN

Wenn ein schockierendes Unglück geschieht, viele Menschen den Tod
finden, kommen die ´Realisten` gern mit der Erklärung, die Opfer seien zur
falschen Zeit am falschen Ort gewesen: ein böser Zufall habe es gefügt.
Der Zufall als Urheber ...
Gläubigen Menschen liegt es näher, die Verantwortung für das Unglück bei
Gott zu suchen - vielleicht nicht, als sei er der Übeltäter, aber mit der Rückfrage, warum Gott die Katastrophe nicht verhindert habe (als Schöpfer müsste
er es ja können ...).
Allerdings, wenn wir die Bibel befragen: Für Hiob, auch für Jesus (Lk 13,4)
greifen Anklagen Gottes zu kurz.
Doch bedrückt tragisches Leid die Seele auch gläubiger Menschen, treibt sie
um, wie man etwa den Psalmen entnehmen kann. Was ist das für eine Welt,
die immer wieder Böses, Leid, Tod über Wehrlose, über Ahnungslose bringt?
Wie stellt sich Gott dazu?
Der Apostel *Paulus* nahm sich das Problem zu Herzen und erkannte: das
Rätsel von Unglück, Leid, Tod ist durch Jesu Auferweckung von den Toten
erhellt worden. Sie eröffnet eine neue Dimension.
Im 1. Korinther-Brief macht er das deutlich: Dem auferweckten Christus folge
die Auferweckung derer, die glaubend seine Botschaft, sein Leben teilten.
Zuletzt werde Gott durch Christus jede Macht, Gewalt, Herrschaft, schließlich
den Tod „vernichten" (1 Kor 15,23ff).
So geben geläufige Übersetzungen das griechische Verb *katargeo* wieder.
Doch, genau übersetzt, sagt Paulus, Gott werde Mächte, Gewalten, ja den
Tod *ruhig stellen*, so nämlich, dass er sie *seiner* Herrschaft unterstellt, sie *in
seinen Dienst* nimmt.
Der Alte Orient stellt einen mächtigen Herrscher oft dar als Sieger, der be-
siegte Feinde als Schemel für die Füße gebraucht. Sie sind unterworfen, er
bedient sich souverän ihrer Kraft und Macht (vgl. die Rede Josefs an seine
feindlichen Brüder: Gen 50, 20f).
Gott (davon zeugt die ganze Bibel) gewährt *Leben*, will *Leben* ermöglichen,
fördern, schützen. Das Alte Testament spricht deshalb häufig von Gott
hebräisch als *ᵓEl Ḥaj* oder *ᵓElohim Ḥajjim*, das heißt von Gott, der Leben ist,
Leben schenkt.
Dafür ist Jesu ganzes Schicksal ein eindringliches Zeugnis.
Unverstand, Angst, Hass, Gewalt, Tod: das sind die Mächte, die Jesus, den
Frohbotschafter und Heiler, ans Kreuz bringen.
Gott aber - darin gipfelt das Evangelium - nimmt in Jesus die Tod bringenden
Mächte hin, bedient sich ihrer, lässt daraus Leben neu hervorgehen: Leben
jenseits von deren destruktiver Macht. Gott deckt die Kräfte, die Jesus ans
Kreuz bringen, als *endlich*, begrenzt, als *nicht*-allmächtig, zuletzt ohnmächtig
auf. Das Leben, das Gott schenkt, *bedient sich der Bösmächte, um das
Leben* seiner Geschöpfe größer, stärker, reifer hervorzubringen.

Davon sind die Wundmale des Auferstandenen ein sprechendes Zeugnis.
Jesu neues Leben trägt die Todesmächte durch-litten, zu Ende erlitten in sich.
Aus den Wunden zieht Jesus Leben, zieht der *von Gott gestärkte* Jesus neue
Kraft und Macht: er hat Hass, Gewalt, Tod bestanden, kann so die Wunden
als Siegeszeichen mit sich tragen.

Das gottgegebene neue Leben, das die Tod bringenden Mächte *durch*litten
hat, wird in Jesus den Gläubigen zugewendet: durch Verkündung der Sieg-
botschaft und Teilnahme (*communio*) an seinem in Gott geborgenen, an uns
weiterverschenkten Leben.

Christen der Nachfolge ähneln den zwei Jüngern auf ihrem Weg nach
Emmaus. Erschüttert von Jesu Kreuz – Tod aller Hoffnungen, selber bar ihrer
Hoffnungen - ziehen sie dahin, bis ein unbekannter Dritter zu ihnen stößt, mit
ihnen geht, seine Gotteserkenntnis mit ihnen teilt.

Seine im Brechen des Brotes ausgelegte, seine mit ihnen geteilte Hingabe an
Gott, die er den Zweien in Form der Mahlgemeinschaft gewährt, öffnet ihre
Augen: Der Gekreuzigte lebt! Sie sind jetzt hineingezogen in sein Leben aus
Gott und auf Gott hin.

Damit sind (genau übersetzt) *auch sie selber*, die Jünger, „auferstanden",
„auferstanden im selben Augenblick" (Lk 24,33), finden nun Mut, nach Jerusalem zurückzugehen, zum Ort des blutigen Ereignisses, zum Ort von Tod
und verlorener Hoffnung.

Sie können das Kreuz jetzt tragen, denn sie sind mit-auferstanden *(griech.
anastántes),* als sie erfuhren: nicht der Tod ist allmächtig, sondern *Gott*, der
Ursprung und Quell des Lebens, ist es und bleibt es.

Auch uns Spätgeborenen soll immer neu aufgehen: wir dürfen und sollen *wie*
Jesus, sollen *mit ihm leben,* unser Leben wagen trotz aller Wunden, die man
uns schlägt, die wir mit uns tragen, schleppen!

Auferstehung hat schon begonnen.

Davon redet Paulus:

*Von allen Seiten bedrängt, sind wir doch nicht verängstigt; am Ende, doch
nicht verzweifelt; verfolgt, doch nicht verlassen; zu Boden geworfen, doch
nicht verloren* (2Kor 4,8f)

Wir gleichen Sterbenden, und sieh doch: wir leben! (2Kor 6,9)

VON REICHER ARMUT

Nachdenklich macht die Parabel von dem Mann, der sich über einer glänzenden Ernte zur Ruhe setzen will, äußerlich wie innerlich. Der Wortlaut (Lk 12, 16-21) braucht keine weitläufige Erklärung.
Wenige zusätzliche Erwägungen könnten aber die Aktualisierung fördern.
Der gesunde Menschenverstand kennt das Problem nur allzu gut:
Ein Mensch kann – wie man so sagt – „nichts mitnehmen" auf die letzte Reise (die Beigaben, die man im Altertum Fürsten und Vornehmen ins Grab legte, liegen immer noch dort, falls nicht quicklebendige Räuber oder Ausgräber sie an sich gebracht haben).
Daher fangen weise gewordene Menschen in vorgerücktem Alter an, sich von gesammeltem Hab und Gut zu trennen.
Doch geht es Jesus, als er die Parabel erzählt, um mehr. Unmittelbar davor weist er das Ansinnen zurück, er möge einen Erb-Streit klären helfen, und nützt den Anlass, die Zeugen zu warnen vor *Pleonexie*" (Habsucht), vor dem Immer-mehr-haben-wollen (vv 13- 15). Darin bestehe *nicht* der Sinn des Lebens. Genauer übersetzt, heißt es; im Überfluss von Gütern bestehe nicht *das Leben*!
Das meint: Was verloren gehen, zerrinnen, zerfallen kann, was keiner „mitnehmen" kann, all das – die Fülle an Reich- und Besitztümern – sei nicht *das Leben*!
Im Erwerbsstreben sucht jeder Mensch im Grunde nach Sicherheit. Er will erwerben und behalten, wovon oder woraus er leben kann. Insoweit gibt Geld- oder Sach-Besitz *Sicherheit.* Mehr erwerben, mehr haben als jemand gerade braucht, bedeutet mehr Sicherheit.
Das natürliche Sicherheitsbedürfnis kann aber leicht entarten, eindimensional werden: man schafft, werkelt und macht, um eines Tages soviel Sicherheit zu haben, dass sie locker für „viele Jahre" reicht – wie der Bauer in der Parabel.
Aber gegen den Tod gibt es keine Sicherheit: wenn er kommt, ist das Leben, sind alle Sicherheiten dahin, für die man ein Leben lang gearbeitet hatte.
Dieses Leben und die *hier* erreichbaren Absicherungen *überleben* den Tod nicht.
Manche sagen, das Leben halte am Ende nicht, was es verspricht.
Einige wollen jedoch dem Tod ´ein Schnippchen schlagen`.
Schon vor Jahrzehnten ließen sich vermögende Leute unmittelbar nach dem Ableben tiefkühlen, in der Hoffnung, irgendwann, wenn die Medizin über ihre Todkrankheit gesiegt habe, noch einmal zum Leben erweckt zu werden.
Nach Auskunft der Medizin ist das sehr fraglich. Wenn doch, wäre ja die ärztliche Kunst nur ein Anfang: das zweite Leben müsste sich ja lohnen, müsste besser, zumindest nicht schlechter sein als das vorige!
Auch dafür fehlt jede Sicherheit, das kann niemand garantieren. Zumal solche Rückkehrer ins irdische Leben sich völlig fremd wiederfinden würden

in einer Welt, die in jeder Beziehung sie überlebt hat. Und die Reaktion der Lebenden auf wiederkehrende "Gespenster" aus der Vergangenheit wäre vermutlich nicht friedlich ...

Es ist schon so: Unter dem Aspekt "Sicherheit" hält das zeitabhängige Leben zumeist nicht, was es verspricht, zu versprechen scheint. Der ausstehende Tod wischt unsere Sicherheiten fort, denn die sind alle selber *hinfällig*.

Eine Alternative wäre, Ausschau zu halten nach einem Leben, dem der Tod unserer Vitalität nichts anhaben kann, und *in ihm* Sicherheit zu suchen.

Eine *Ahnung* von solch einem Leben empfangen wir etwa von einem Berg, den schon Frühmenschen gekannt und besucht haben.

Oder beim nächtlichen Anblick von Sternen und Nebeln unserer Galaxis ("Milchstraße"), die wir heute sehen, wie sie vor Zig-Tausenden und mehr Jahren waren. Sie schenken eine schwache Ahnung von einem Leben, das dem Vergehen nicht unterworfen ist.

Aber die Suche stellt Anforderungen.

Begegnung mit dem Christentum ist kein Betriebsausflug, der mit Kaffee oder Abendbrot endet und wo man für Aufpreis unterhalten wird. Vielmehr muss jede(r) selber steuern und sich an den vielen Wegkreuzungen des Lebens je neu vergewissern, wo man hin will, wo und was das Ziel ist.

Anders gesagt: du musst dich je neu entscheiden, wer Herr über dein Leben sein soll: dein Ego, der „Mammon", oder eben der biblische Gott, der immer wieder an uns appelliert, *nicht* den bequemen Weg der Egoisten, Gleichgülti-gen, Gedankenlosen zu gehen, sondern die *Alternative* zu wählen, den schmalen Weg, den er anbietet.

Ein gereiftes Gewissen wirkt dann wie ein Tastsinn, wie ein Navigator, der den schmalen Gottes-Weg finden und gehen lässt: jedenfalls einen Men-schen, der *noch Mut* hat, obwohl er vom Welt-Markt und dessen Angeboten enttäuscht wurde.

Ja, Mut! Denn das große Publikum hält ernsthafte Christen für exotisch, für verrückt. Wie im Evangelium ziehen viele, die als Christen angetreten sind, sich später von Christus zurück. Als ihr Leben ernst wird, todernst, entdecken sie, dass sie nicht wirklich glauben, bei ihm, mit ihm Leben und Sicherheit zu finden. Erblicken sie den Gekreuzigten, hören sie Jesu Frage: "Wollt auch ihr weggehen?"

Die Antwort der Jünger aber - „Wohin sollen wir gehen? Du hast Worte ewi-gen Lebens!" (Joh 6,66ff) - überzeugt sie nicht: "Aber du hängst doch da!".

Nun aber haben schon die Menschen des Ersten Bundes in ihrer Geschichte Gott immer wieder als Gabe und Verheißung von *Leben* erfahren. Darum nannten sie ihn °*El Ḥaj Gott*, der *Leben* ist; *Leben*, das *Gott* ist.

Der aus Übersetzungen bekannte „lebendige Gott" heißt besser *Leben, das Gott ist.* Denn Gott, der Leben ist, hat (nach christlicher Urerfahrung) seine Nähe, seine Lebendigkeit, seine Lebens-Macht an dem Gekreuzigten erwie-sen, hat ihm, dem Gefolterten, Anteil an Seinem Leben gewährt (das meint die Kirche mit dem Bekenntnis: *auferstanden von den Toten, aufgefahren in den Himmel, sitzend zur Rechten Gottes*).

Das Evangelium will Menschen ermuntern zu Umkehr, nämlich zu einem Glauben, genährt aus einer neuen *Witterung* für das Geheimnis, das sich in Jesus auftut.

Gläubige ziehen die Wurzel ihres Daseins aus der vergänglichen Erde, wurzeln sich neu ein in Gott, der Leben ist.* Sie haben verstanden: der Mensch lebt nicht nur von Brot, sondern vom Wort liebender Treue und Verheißung aus Gottes Mund (Dtn 8,3; Mt = Lk 4,4).

Ein Mensch, der glaubt, ja darauf traut, dass sein Leben von Gott kommt und bei Gott sein wird, ein solcher wird anders umgehen mit den Gütern des irdischen Erwerbs. Sie füllen das Herz nicht mehr aus.

Die Warnungen an die Reichen vor kurzsichtiger Güteranhäufung – eigentlich vor dem Bemühen, durch Immer-mehr-und-immer-schneller-haben-wollen Sicherheit anzuhäufen – haben die Christen von Anfang an beschäftigt und beunruhigt. Was haben sie Christen unserer Zeit zu sagen – Christen, die in einem vergleichbar reichen Land leben (nicht ohne Schwierigkeiten), statt in Armut, ja Elend, wie der größere Teil der Menschheit?

Im 19. und 20. Jahrhundert wurden wir, in Auseinandersetzung mit dem Sozialismus, darauf gestoßen, dass es wirtschaftliche und gesellschaftliche *Strukturen* gibt, welche die Armut ganzer Länder verursachen, begünstigen und konservieren. Nun warten weitgehend *politische* (auch konsum-politische) Aufgaben auf Bearbeitung und Lösung – Sache nicht nur weniger Spezialisten, sondern, im Prinzip, Aufgaben für alle Beteiligten.

Die Christenheit erkannte von Anfang an, dass die Warnungen vor dem Reichtum - „ihr könnt nicht Gott dienen und dem Mammon" (Q Mt 6,24 Par) - bedeutsam sind für christliches Leben überhaupt. Auch in unserer Zeit kann sich das christliche Gewissen nicht einfach abfinden mit der Welt, wie sie ist: zweigeteilt in Reich und Arm.

Schon vor Jahrzehnten haben lateinamerikanische Bischöfe und Theologen – herausgefordert von der sich verschärfenden Armut ihrer Völker – in *Puebla* (1979) die christliche Solidarität mit den Armen erläutert: es gehe um großzügiges, im Kern gerechtes Teilen der Lebensbedingungen der materiell Armen, und zwar mittels einfacher, schlichter, nüchterner Lebensführung, Verbannung „des Reichen" aus dem eigenen Herzen (d.h. Habsucht, Stolz), und durch Anstreben eines geistlichen Kindseins und Offenseins für Gottes Ruf.

Vergleichbar die Antwort, welche die ökumenische Mönchsgemeinschaft von Taizé gefunden hat. Im Wissen darum, dass in Mitteleuropa eine Gemeinschaft arbeitsfähiger Männer selbst nicht lebensgefährlich arm werden kann, im Bewußtsein jedoch menschlich-christlicher Verantwortung vor den Armen zumal im Süden der Welt spricht die *Regel von Taizé* von der „Einfachheit" *(simplicité)* und von der „Vereinfachung" *(simplification)* der Lebensweise, von der „beständigen Vereinfachung deines Lebens durch den Glauben ... :

---

* Die Aussage darf um ihrer Realisierbarkeit willen nicht zu einfach und harmlos verstanden werden. Was hier als „Schritt" bezeichnet wird, ist in der biographischen Realität ein lebenslanger, von Rückfällen (Sünden!) geplagter Prozess, ein immer wieder gefühltes, in Prüfungen bestandenes oder verlorenes Wagnis.

Weise die unnützen Lasten zurück, damit du die Lasten der Menschen, deiner Brüder und Schwestern, besser vor Christus deinen Herrn tragen kannst". Solche Lebensart vertiefe die Verfügbarkeit *(disponibilité)* für Gott und Mitmenschen.

Empfohlen wird ein schlicht-anspruchsloser Lebensstil, offen für die Schönheit der Schöpfung und die Freude an ihr."

Damit wird eine Einsicht aufgenommen und bestätigt, die wir basal schon in den Propheten und Psalmen finden: entblößt, frei sein von den Gütern der Welt (die man nach *Paulus* gebrauchen soll, als brauche man sie nicht: 1Kor 7,30f) macht den 'ani, den Armen, aus, der vor Gott schlicht ist, demütig, hörfähig, ehrfürchtig, der auf Gott hofft und aus seiner Weisung lebt.

Ihn meint Mt 5,3 mit der Seligpreisung des „Armen im Geiste", die Armut als Geisteshaltung meint.

Christen, die sie leben, sind Zeugen alternativen Lebens, alternativer Werte und Prioritäten – bedeutsam nicht zuletzt in Zeiten von Wirtschaftskrisen in Industriestaaten.

Wo Aktienkurse, Kapital-Anlagen, Kapital-Vermehrung, Umsatz- und Wachstums-Zahlen etc. - zweifellos unentbehrliche Größen und Faktoren - *nicht* jenen obersten, alles beherrschenden Rang einnehmen, den Christen nur Gott einräumen, können Denken und Handeln frei werden für mitmenschliche Solidarität, für soziale Gerechtigkeit, solidarisch-humanen (statt willkürlichen) Umgang mit Mitarbeitern und Angestellten, für verantwortliche Überlegungen zu angemessener Entlohnung und Mitwirkung.

So enthüllt die Lukas-Parabel vom reichen Kornbauern ihre unerschöpfliche Aktualität.

** *Fr. Roger,* Les sources de Taizé (Taizé 1980), dt. *Frère Roger,* Die Quellen von Taizé (Freiburg-Basel-Wien 1987). Statt „Regel" zieht die Gemeinschaft heute den offeneren Ausdruck „Quellen" vor.

DAS UR-GEBET

Umfragen in Sachen Religion und Glaube sind ein sehr unsicheres Unterfangen. Es gibt nicht wenige Menschen, die auf Befragen erklären, dass sie *nicht glauben* (im Sinne einer Kirche oder Religionsgemeinschaft), jedoch zugeben, dass sie - bei Gelegenheit - *beten.*

Das ist, wenn man den Dingen auf den Grund geht, weniger sonderbar, als es erscheint.

Nicht zuletzt Christen könnten solche Auskünfte aufgrund ihrer Quellen verstehen.

Erwägen wir, was etwa ein Apostel wie *Paulus* zu bedenken gibt. Er schreibt den Christen von Rom und schärft ihnen ein: *Wir sind auf Glauben und Hoffen hin erlöst* (Röm 8,24).

Damit spricht er einen Stand-Punkt an, auf dem moderne Menschen normal nicht stehen können und wollen. Denn die unterschwellig herrschende Meinung, gestützt durch die Erfolge von Naturwissenschaft und Technik, steht auf dem *Glauben*, was als *real* gelten solle, müsse beweisbar, nachprüfbar, resistent gegen Irrtum und Täuschung sein.

Darum tut man sich schwer mit Zusagen, Versprechungen, Verträgen u.ä., weil sie unvermeidlich *zukunftsoffen* sind. Selbst Prognosen, Berechnungen, Wahrscheinlichkeiten und Garantien sind nicht absolut sicher. Es bleibt eine Unsicherheit, Offenheit, Abhängigkeit.

So erfahren wir unser Leben als *begrenzt*. Begrenzt nicht durch eine scharfe Grenze oder Zäsur. Begrenzt vielmehr durch das nur Ahnbare, Denkbare, Erhoffbare, vielleicht Furchtbare. Auf solche Art entziehen sich Unglück, Sterben, Krieg, Katastrophen weithin dem Vorstellen, dem Vorausdenken, jeder Hochrechnung. Zu Zeiten also erkennen wir: jeder Ausguck auf unser zukünftiges Leben verliert sich im Nebel. Unser Dasein in der Welt entzieht sich an den Rändern unaufhörlich ins Geheimnis, ins Dunkel, nur notdürtig erhellt durch trübe Lampen oder Laternen über dem Weg in die Nacht.

Das ist nicht Poesie, es ist Realität. Wir sind blind-ahnungslos geboren und bekommen allmählich sehende Augen, wo wir - teils spielerisch, oft mühselig - *lernen.*

Und wir lernen nie aus. Je mehr wir lernen, je mehr Straßenlaternen wir entzünden, desto dichter, tiefer wird das Dunkel, das uns umgibt. Instinktiv flüchten wir ins Helle als Schutzraum im Dunkel.

Viele setzen Vertrauen in die helle, klare Welt der "Wissenschaft".

Doch einer ihrer Pioniere, der berühmte Physiker *Werner Heisenberg*, erinnerte in seiner *Guardini*-Preisrede an die "Bilder und Gleichnisse der Religion": sie sprächen das *Vertrauen* der Menschen an: "das Vertrauen in die Welt, in den *Sinn* unseres Daseins in ihr".

Ein hellsichtiger Vertreter der exakten Naturwissenschaft macht aufmerksam auf Grenzen naturwissenschaftlicher Bewältigung der Welt und unseres Daseins.

Wir alle fragen zuweilen nach Sinn oder Unsinn unseres Lebens und Agierens. Aber wenn alles sinn*los* wäre, könnten wir keinen Augenblick mehr leben und handeln. Denn in jedem Einsatz, in jeder Anstrengung, im Einsatz und Opfer für Kinder, für Partner, für Angehörige, uns Anvertraute, in jeder Vergebung und Liebe schenkenden Tat *bejahen* wir, dass unser Leben *sinn*haft ist, unausgesprochen auf einen Sinn zusteuert, das heißt, ein Woraufhin hat, wofür sich abzumühen, seine Kräfte auszugeben lohnend ist. Wir leben aus der Flamme eines Urvertrauens, eines Lichtes im tiefen Innern, das niemand entzündete, das vielmehr in uns aufgebrochen ist und - über weite Strecken - still leuchtet und wärmt. .

Das stille Vertrauen in uns enthält auch ein Trotzdem, eine Trotzkraft, die uns immer wieder abhält, aufzugeben: uns selbst, die anderen, das Leben und Dasein. Immer wieder lassen wir uns ein, suchen auch in dunklen Momenten auszuhalten, zu vertrauen, zu hoffen.

Wir müssen darum den Experiment- oder Wagnis-Charakter unseres Lebens benennen, genährt von jenem Urvertrauen.

An diesem Punkt setzt *Paulus* an mit seiner Botschaft, dass Heiliger Geist selbst unserer Schwäche entgegenkommt, wenn unsere Grundkraft ins Stocken gerät. Wo Glaubenden und Suchenden das Vertrauen, ja Beten zu Gott schwerfällt, tritt Gottes Geist für uns ein.

In Stunden, wo wir niedergeschlagen sind, zu Boden gedrückt, wo wir keine Worte mehr finden, der Gedanke an Gott uns schwerfällt, tritt der Heilige Geist für uns ein.

In Stunden, wo wir nicht mehr aus noch ein wissen, nicht mehr sprechen können, wo selbst vertraute Gebetsworte im Hals stecken bleiben, weil Verstand und Herz wie gelähmt sind vor Schreck oder Schmerz, wenn würgender Zweifel unser Wesen im Griff hält -- in solchen Momenten tritt Gottes Geist für uns ein - er, der tiefer ist als wir selbst. Er nimmt unser ganzes Stöhnen, unsere unaussprechlich gewordene Not auf, trägt es für uns, an unserer Stelle in jenen Abgrund hinein, den Christen ehrfürchtig-zweifelnd *Gott* nennen, vertraulich gar "VaterUnser" rufen. Dann ist all das Unsagbar-Unaussprechliche, Schluchzende IHM übergeben und anvertraut.

Wie spüren oder erfahren wir, dass es so ist, auch wenn wir meinen, nicht mehr zu beten? Darin, daran, dass wir, unerklärlich, in aller Not uns doch im Tiefsten zu diesem *Gott* genannten Geheimnis hingezogen fühlen, es suchen, damit es uns bewahre und uns dies offenbare.

Innere Zweifel sind Aspekte dieses Sich-Lassens, wogegen das Sich-bewahren-Wollen sich sträuben möchte - hat es doch früh gelernt, sich zu erhalten, sich erhalten zu wollen, zu sollen und zu müssen. Aber wie es beim Apostel heißt, kommt Gottes Geist unserer Schwachheit zur Hilfe (Röm 8,26; Hebr 4,15). Wir erfahren es, wenn deprimierender Druck von uns weicht, wenn in uns Kräfte wach werden, Unvermeidliches zu tragen, wenn Verzweiflung aufgelöst wird in diskrete Ahnung von Sinnhaftigkeit des Geschehens, wenn eine verborgene Tür sich öffnet oder die tätige Nähe eines Menschen Trost, Geborgenheit stiftet.

Wir sind dem väterlich-mütterlichen Geheimnis vor uns stets näher, als wir ahnen. *Paulus* spricht davon, wenn er persönlichste Erfahrung preisgibt: "Alles vermag ich durch ihn, der mich stark macht" (Phil 4,13).

Seine Erfahrung hat Richtung, Gestalt, Mut und Zeugniskraft vom Blick auf Jesus Christus, dessen Leben, Sendung, Offenbarung, Gebet und Tod zur Einheit wurden im Aufblick zu Dem, Den als seinen und unseren *Vater* anzusprechen er uns lehrt.

SÜNDENFALL IM PARADIES ?

Gegen die bekannte Erzählung vom "Sündenfall im Paradies" entstanden in
der Moderne Vorbehalte: gegen ein Paradies, das mit Platzverweis und
Austreibung endet.
Ein orientalisches Bild-Gleichnis, das "bös` endet" ...
Doch spiegelt es viel von unserer Realität, wenn wir es mit Geduld entschlüs-
seln.
Wir hören zunächst von *Adam* und von der "*Frau*" im *Garten*. Die Bibel spricht
oft eine symbolisch-bildhafte, anschauliche Sprache, wie die Menschen
zumal im Orient, aber auch wir sie lieben.
"Garten" meint kein Urlaubsparadies, sondern einen handfesten Gewerbebe-
trieb, einen Wirtschafts-Betrieb: denken wir anschaulich etwa an eine große
Gärtnerei oder einen ausgedehnten Schrebergarten.
"Adam" ist der *Boss* dieses Wirtschaftsbetriebs - im Altertum ist "Boss" der
König oder sein Wesir.
Die "Frau" (die sogenannte Eva) ist Sinnbild für Israel, für das Volk, das leben
will, leben muss von den Erträgen des Gartens, von dem also, was gemeinsam erwirtschaftet wird.
Nun fasst die Bibel das alte, immer wieder aktuelle Problem der Verteilung
des Erwirtschafteten, die Verteilung der Produktionsgüter, ins Auge.
Die "kluge Schlange" ist Sinnbild für die Schlaumeier, die Raffinierten, für
jene Klugen und "Weisen", die schon immer den Profit über alles setzten, die
das rechte Maß, heißt: die Verteilungsgerechtigkeit unterlaufen wollen. Die
Schlange *kriecht auf dem Boden*, weil der Menschentyp, den sie darstellt,
stets auf Beute aus ist, auf das, was man aus dem Betrieb, aus dem Boden
"herausholen" kann. Der "Typ" lockt mit dem Versprechen, dass mit ihm auch
"die anderen" *mehr* bekommen würden ...
Erkenntnis von "Gut und Böse" meint nun das zugesagte Bescheidwissen um
Gewinn und Verlust, um Sicherheit und Risiko.
Im Folgenden geht es zu wie seit eh und je:
das Volk - verkörpert in der "Frau" - will, verführt von Lockungen und Hoch-
rechnungen des Schlaumeiers - der "Schlange" - *mehr* und *noch mehr* her-
ausschlagen; es denkt nur an das.
Nun kommt "Adam" ins Bild. Er verkörpert die Regierung: diese - obwohl
gewarnt - wird weich, gibt nach wider besseres Wissen. Ist Volkes Wille nicht
doch Gottes Wille?
Die Folge: Alle "hauen `rein".
Aber dann erkennen beide, Volk und Regierung, dass sie "nackt" sind:
erkennen Grenzen, "Grenzen des Wachstums" .
Aber Gott stellt beide zur Rede: wer behauptet denn, dass ihr "nackt" seid?!
Der Garten gedeiht doch, wenn ihr euch an Gottes Weisungen haltet, gespie-
gelt auch im Gesetz der Erde: *Gut und Böse erkennen* heißt, Wege und
Grenzen erkennen, heißt *nicht*: unendlicher Fortschritt.

Schon die Bibel kennt so das Problem, das wir heute "Grenzen des Wachstums" nennen:
Denn das "immer Mehr, immer Höher, immer Weiter" bedroht Klima und Natur, Flora und Fauna - nicht zuletzt mit der Globalisierung von Viren ...
Schon das Alte Israel erkannte das Problem - die Gefahr.
So manche Zeitgenossen verbinden den Willen, alles haben zu wollen, gern mit dem Spruch "nach mir die Sintflut" und mit dem Bekenntnis "es gibt *kein Leben nach dem Tod*". Eben darum müsse man aus diesem Leben soviel wie möglich "herausholen" (man lebe ja "nur einmal").
Zwar gibt es inzwischen eine Gegenbewegung, die sich sorgt um das Erdklima, um die Erhaltung von Pflanzen- und Tierwelt - ein Zeichen der Zeit, ein *Gegen*-Zeichen zur Zeit.
Doch überzeitlich ist auch die Erfahrung, die der Apostel *Paulus* macht, als er im Zentrum des alten Athen von *Jesus Christus* und der Auferstehung der Toten sprechen will: er stößt dermaßen auf Spott und Voreingenommenheit, dass er einsieht: *Die Osterbotschaft hat hier keine Chance* - und nach Korinth weiterreist.
Dort traf er Menschen, die von seiner Botschaft lernen wollten, die er so formuliert: "Wir wissen, dass Er (Gott), der Jesus auferweckt hat, auch uns mit Jesus auferwecken wird" (2Kor 4,14).
Woher "wissen" wir das? Wir erfahren es, wenn wir Jesus zu uns sprechen lassen im Evangelium und ähnlich wie Petrus erkennen: "Du hast Worte ewigen Lebens" (Joh 6,67f).
Das ist die Entscheidung: Trifft uns das Wort Jesu ins Herz, *wissen* wir tief im Herzen, dass Gott "auch uns mit Jesus zusammen auferwecken wird". Dann bildet sich in uns eine innere Sicherheit, die uns, wenn wir "dran bleiben" und "drin bleiben", niemand nehmen wird, auch kein Schlaumeier und Spötter.
Auch *Martin Luther* hatte diese Erfahrung gemacht, als er schrieb: "Wo und mit wem Gott redet ..., der ist gewiss unsterblich"!
Diese Erfahrung lässt ihn (bei allen Schwächen) als großen Christen und Glaubenden erkennen. Er war von Jesu Wort ähnlich bewegt wie jene Leute im Evangelium, die Jesus atemlos zuhören, sodass er, aber auch sie nicht einmal zum Essen kommen.
Bedenken wir: Die Heil-Kraft von Jesu Verkündigung reicht so tief, dass etliche, die ihn hören, von körperlichen und seelischen Leiden heil wurden.
Sie erleben hier und jetzt, vorläufig, schon ein Stück Auferstehung.
Das bringt Neider und Skeptiker gegen Jesus auf: der ist mit dem Teufel im Bund!, so schmähen sie ihn.
Doch hier ist die *Rote Linie*. Wer das Gute, das jemand tut, mit klarem Verstand als böse und teuflisch deklariert, dem ist nicht zu helfen. Er macht sich selbst undurchdringlich für das Evangelium und seine heilende Kraft.
Doch tragen wir alle den Schatz des Glaubens "in zerbrechlichen Gefäßen", sagt *Paulus* im Brief. Zerbrechlich sind wir, nicht der Schatz.

"WOLLT AUCH IHR AUSTRETEN ?"

Diese Frage stellt Jesus seinen Jüngern (Joh 6,67). Sie ließ sich offenbar
schon damals nicht vermeiden, lag "in der Luft". So wie vielfach heute. Viele
Menschen kehren der Kirche den Rücken oder lassen sie auf sich beruhen.
Finanzielle Gründe spielen eine Rolle (Kirchensteuer, Kirchenbeitrag), nicht
weniger aber auch moralische Vorbehalte, welche die nicht selten berechtigte
Kritik an der Lebensführung exponierter Kirchenvertreter, gar an nachgewie-
senen Missetaten befeuern, die man häufig nur zögerlich aufarbeitet.
Allerdings sei daran erinnert, dass Sünden, öffentliche Sünden, ja Skandale,
durch Vertreter von Glaube und Kirche begangen und ausgelöst, die gesamte
Kirchengeschichte (Spiegel der Gnade wie des Allzu-Menschlichen) beglei-
ten. Sünden der "Amtskirche" waren in der Vergangenheit oft sogar offenkun-
diger, als sie es in der Gegenwart sind.
Auch früher also nahmen Menschen an Glaube und Kirche Anstoß. Doch die
geistige Atmosphäre der Öffentlichkeit war insgesamt eine andere.
Man beklagte die Sünden und Verbrechen vor Gott und fragte nach seinem
Gericht.
Das hat sich verändert. Schon den Teilnehmern am Zweiten Vatikanischen
Konzil fiel auf, dass "breite Volksmassen das religiöse Leben praktisch aufge-
ben". Leugnung Gottes und Gleichgültigkeit gegen Religion seien heute ein
Massenphänomen (Konst. Über die Kirche in der Welt von heute, Nr.7).
Diese Diagnose aus den 60er Jahren des 20. Jahrhunderts bestätigt sich im
21 Jahrhundert in mancherorts erdrutschartigen Ausmaßen.
Geändert hat sich gegen frühere Zeiten die Begründung. Viele treten aus der
Kirche aus oder lassen sie auf sich beruhen aus grundsätzlicher Skepsis.
Geht man den Argumenten (wo welche gegeben werden) auf den Grund,
stellt sich als tiefste Ursache die tiefgehende Entfremdung von *Gottes*glaube
und *verbindlichem* Glaubenszeugnis heraus.
Wozu Gott, Religion? Sind sie nicht Aspekte eines überholten, überlebten
Weltbildes? Kommt man doch mit Naturwissenschaft, moderner Medizin, digi-
talisierter und intelligenter Technik, mit moderner Organisation und Logistik
ebensogut, ja einfacher durchs Leben - wogegen die Verlautbarungen der
Kirche und ihrer Vertreter den Geruch des Abgelebten, Verwesten verbreiten!
So der Eindruck vieler Leute, den sie oft durch die Art ihrer Lebensführung
vertiefen.
Sie stehen - meist ohne es zu wissen - unter dem traditionellen Axiom des
Philosophen und Mathematikers *René Descartes.* Er hatte im 17. Jahrhundert
mit Blick auf die einfachen und gelungenen Experimente von *Galilei* den
Grundsatz verkündet: "Wahr ist, was ich klar und deutlich einsehe".
Das war für das Fortkommen der Kultur damals zunächst ein hilfreiches
Axiom, mehr noch: ein Schlachtruf. Es ging darum, beweisbares Wissen zu
erwerben.
Nahezu zwangsläufig lag der Ton jedoch auf *zwei* Worten, nämlich auf

"einsehen" und auf "ich"! In den Verstand, in die Klarsicht eines Menschen mischt sich ja unweigerlich das "ich", das konkrete Ich, das nicht nur vom Verstand, sondern ebensoviel von Emotionen, Befindlichkeiten, vom Ego und von "*man*" gesteuert wird. Doch damit nimmt die rationale Weltsicht unvermeidlich eine egozentrische (und polyzentrische) Färbung an.

Diese ist leicht wahrnehmbar dort, wo mit Berufung auf "rationales Urteil" Verdikte über Positionen, Lebensweise, Weltanschauung oder Religion von Mitmenschen gefällt werden.

Doch ist auch eine schwächere, aber unbestreitbar aktive Gegenbewegung im Gange. Auch sie hat das Konzil bereits registriert. Abständige oder zweifelnde Menschen nähern sich Kirche und Glaube wieder an, weil ein besonderer Anlass ihnen nahelegte, dass das biblische Zeugnis tiefere Wahrheit und Weisheit enthält, als man wahrgenommen oder für möglich gehalten hatte.

Weil sie ein Gespür entwickelten, dass GOTT nicht notwendig eine leere Vokabel ist, sondern ein Wort, welches das abgründige Lebensgeheinmnis berührt, auf das jeder Lebensweg an Kreuzungen und Wendepunkten unversehens zusteuert. War zuvor der *selfmademan* zum Lebensprinzip geworden, erlebt man in vorgerücktem Alter die Grenzen der Organisation und des Organisierbaren, machen Menschen Erfahrungen letzter Einsamkeit und Unerfülltheit, welche die Endlichkeit von Welt und Leben bedrückend fühlbar werden lassen.

"Schauen wir nur auf irgendeine durchschnittliche Minute unseres Alltags. Keine von ihnen ist in sich selbst erfüllt. Jede bedarf, um bestanden zu werden, jener weitertreibenden Kraft, der Hoffnung, jenes Vorgriffs auf die Zukunft, damit das Jetzt, das immer zerrinnt, bejaht werden kann. Zwischen dem, was ich eigentlich bin oder sein könnte oder möchte oder müsste - und dem, was ich tatsächlich gerade jetzt lebe oder tue, klafft ein Abgrund, den ich einzig kraft jenes Vorschusses überbrücke. Nie bin ich in meinen Taten oder Zuständen ganz da. Ich freue mich, aber die Freude dringt nicht bis zum letzten Kern meiner selbst; es bleibt Raum für Angst, für Langeweile, für irgend etwas anderes, Neues, Umgekehrtes, das die heutige Freude wahrscheinlich, nein, ganz sicher ablösen wird".[*]

Diese Art Erfahrung fördert eine doppelte Einladung: *entweder* zu verzweifeln, die Verzweiflung aber mit Härte und Rücksichtslosigkeit zu tarnen, bis sich diese gegen einen selbst wenden (die Suizid-Zahlen in den europäischen Gesellschaften sind erschreckend hoch und konstant). *Oder* den Mut zu fassen, sich in das rational unaufhellbare Dunkel, das sich an der Peripherie des Sichtbaren auftut, vorzutasten, auf ein unsichtbares Licht zuzugehen, das ein hintergründiges Aufgehoben- und Getragensein ahnen lässt.

Hier könnte jemand - ähnlich dem "Land!" rufenden Schiffsausguck - eine Ahnung empfangen von jenem Horizont, jener nebelverhangenen Küstenlinie, die der arglose Glaube "Gott" nennt. Dann erhielte die traditionelle, früher leichthin abgewiesene Rede von Gott und Glaube/Vertrauen einen durch

---

*   *H. U. von Balthasar,* Einfaltungen (München 1969), 107 f

Erfahrungen an der Grenze bestätigten Sinn. Es könnte ein Glaube, ein Vertrauen wachsen, nicht primär von außen, von Tradition und Gewohnheit gestützt, sondern von *Gründen des Herzens*, die der nackte Verstand nicht erfasst noch bewältigt.

BLIND GEBOREN

Die Heilungen von Blinden durch Jesus in den Evangelien sind Sinnbilder
sowohl für unser Schicksal wie für unsere Chance.
So zB die Heilung des Blindgeborenen (Joh 9,1-11).
Jesus und die Jünger sehen einen Mann, dessen Blindheit ihn schon seit
Geburt begleitet. Sie wird von ihm selbst als so fatal eingeschätzt, dass
überhaupt nur Gott oder sein authentischer Diener sie heilen konnte (9,32f).
Zwar wird seine Blindheit, wie in der Bibel häufig, medizinisch nicht näher
erläutert.
Doch hat angeborene Blindheit auch bei heutiger Medizin kaum Chancen auf
Heilung, wenn z.B. der Seh-Apparat fehlerhaft ist oder die Verbindung Auge –
Gehirn fehlt.
Die Erzählung will nicht nur vordergründig, sondern auch hintergründig
gelesen und gehört werden.
Blindheit als natürliche Behinderung, zur Konstitution des Menschen als
Menschen gehörig, ist nicht nur für die Bibel typisches Kennzeichen
menschlicher Unheils-Verfassung (Jes 35,5f; Joh 1,4; Lk 1,79; Mt 4,16),
sondern z.B. auch für einen vielgelesenen Autor wie *Albert Camus.*
Von *Sisyphos,* Urtyp des Menschen, sagt er:
"Überzeugt vom rein menschlichen Ursprung all dessen, was menschlich ist,
ein Blinder, der sehen möchte und doch weiß, dass die Nacht kein Ende hat,
ist er ständig in Bewegung, der Fels rollt weiter".
Dieser Satz *Camus`* besagt im Klartext: *Blindheit in den großen Fragen* nach
Leben, Wahrheit, Leid, Tod, Gerechtigkeit, Sinn und Gott ist *das natürliche
Schicksal des Menschen,* der sich auf natürliches (Vor-)Urteil, eigene Ein-
schätzung, forschenden Verstand des *homo sapiens* allein verlässt -- *es sei
denn,* Gott selbst löse ihn von der Blindheit und lasse ihn teilnehmen an
Seiner Weisheit.
Menschen, an solch schicksalhafter Behinderung leidend, gilt die Verheißung
auf Heil: „Dann werden die Augen der Blinden geöffnet" (Jes 35, 4; vgl. 42,16;
61,1).
Darauf hoffte wohl auch der Jude, der an die Mauer des Warschauer Ghettos
schrieb:
*Ich glaube an die Sonne, auch wenn sie nicht scheint. Ich glaube an die
Liebe, auch wenn ich sie nicht spüre. Ich glaube an Gott, auch wenn ich ihn
nicht sehe.*
Jesus stellt sich in diese urmenschliche Situation: er sei zum Gericht in die
Welt gekommen, „damit die, die nicht sehen, sehen und die Sehenden blind
werden" (Joh 9,39).
Es ist archaische Denk-Gewohnheit, welche die Jünger bei so schwer behinderten Menschen wie dem von Geburt an Blinden fragen lässt: ´Womit hat er
das verdient?` ´Was hat er, haben seine Eltern verbrochen, dass Gott ihn
(sie) so hart straft?`

Denken, das solche Vermutungen anstellt oder Überzeugung äußert, ist verbreitet.

Die Pharisäer denken wie die Jünger : „Du bist ganz in Sünden geboren"! (wessen Sünden auch immer), sagen sie zu dem von Blindheit Geheilten (Joh 9,34). Solch archaisches Denken lebt in unserer Zeit wieder auf: etwa in Anschauungen, die eine karmisch begründete Wiedergeburt propagieren und sich dafür auch auf diesen Text berufen.*

So gesinnt folgern sie, *Mitleid* mit Behinderten sei *fehl am Platze*, man müsse solchen Menschen die Chance *lassen*, ihr schlechtes Karma aufzuarbeiten.

Auch die Jünger sind auf dieser Spur, da sie sich mit dem Blindgeborenen nur *theoretisch* abgeben. Sie sind betroffen, aber als Zuschauer. Auf die oft gestellte Frage „Wie kann Gott so viel Leid zulassen?", bzw. „Wie kommt es, dass jemand von Geburt an mit Blindheit geschlagen (!) ist?", haben sie eine eindeutige Antwort: es muss schwere Sünde vorliegen, entweder von ihm selbst oder seinen Eltern. Leiden müsse, m. a. W., ´verdient` sein.

Jesus lässt sich auf dieses Denken nicht ein (v 3), er nötigt die Jünger, die Blickrichtung zu ändern: „vielmehr wird/soll Gottes Tun an ihm offenbar werden". Die Frage wird umgedreht: Die Behinderung / Blindheit eignet sich dazu (ist dafür gut), Gottes Großtaten sichtbar zu machen! Fragt nicht, woher sie kommt! Seht sie als Chance, dass Gott daran, an dieser Stelle offenbar wird! Das ist ihr Sinn.

Die vv 4-5 enthalten den Schlüssel. „Wir müssen die Werke dessen wirken, der mich gesandt hat".

„Werke" sind Sammel-Ausdruck für Schöpfungs-Taten,-Werke Gottes (Gen 2,2f).

Zuvor sagt er: „Mein Vater wirkt bis jetzt, und auch ich wirke" (Joh 5,17.19ff. 36 - LÜ). Mit Blick auf Gottes Schöpfer-Handeln („Werke") ist „wirken" wiederzugeben mit „schaffen": *Mein Vater schafft (ist als Schöpfer tätig) bis jetzt, und auch ich schaffe* !

Das heißt, die Blinden-Heilung, die folgt (Joh 9,6-7), soll man als Schöpfer-Tat Gottes hier und jetzt, getan durch Jesus, verstehen.

Gott schafft Welt und Menschen nicht bloß in der Vorzeit, vielmehr ist Er schöpferisch *da aktuell* in Raum und Zeit.

Gott, der Schöpfer, ist zugleich und in einem der Heil-Schaffer. Der biblische Gott erschafft mit dem Ziel des Heiles, der Vollendung, des Glückes und der Ruhe für seine Geschöpfe.

Kein „unerforschlicher Ratschluss", kein anonymes Schicksal, wovor Menschen kapitulieren müssen, verbirgt sich hinter Leben und Welt.

Es offenbart sich vielmehr eine das Leben liebende, Menschen freundliche Güte, deren Art die späten Propheten schon wie eine Grund-Melodie durchzieht: „Tröstet, tröstet mein Volk! ... Fürchte dich nicht! Ich bin mit dir! ... Bis ihr grau werdet, will Ich euch tragen ... Ich werde euch schleppen und retten"! (Jes 40,1; 43,5; 46,4).

Daher ist die Heilung des Blindgeborenen eine Epiphanie-Erzählung, d.h. hier

---

* Zum Beispiel bei *Dethlefsen*, Schicksal als Chance (München [6] 1983), 248

erscheint der von den Leidenden ersehnte *Retter,* der *Heiland,* der mit schöpferischer Vollmacht tätig wird.

Das Wort „müssen" (v 4: „Wir müssen die Werke ...") meint den Auftrag vom „Vater", nämlich „Licht" zu sein für die Welt und darin Gott als „Licht der Welt" zu offenbaren (Joh 9,5; gemäß dem Auftrag an den Gottes-Knecht: Jes 49,6).

Darin liegt auch etwa die Sinnspitze der Erzählung von den Magiern (Sterndeutern) aus dem Osten (Mt 2).

Sie verkörpern die „Heiden", d.h. allgemein die Menschen auf der Suche nach Heilung von ihrer Blindheit – Blindheit vor dem Woher und Wohin ihres Lebens.

*„Sterne" waren im Altertum synoym für Götter und für von einem Gott bestellte Herrscher (*vgl. Jes 13f*).*

Die Mt-Erzählung fußt auf der Bileams-Weissagung (Num 24,17) „Ein Stern wird aufgehen aus Jakob, ein Mann aufstehen aus Israel" und ist ihr nachgebildet, wo die Magier erklären: „Wir haben seinen Stern aufgehen sehen".

Sie kommen im Bewusstsein, dass ihre Blindheit – Blindheit von Blindgeborenen – von ihnen genommen ist, indem sie *Jesus* wenigstens anfänglich kennengelernt haben.

Sie haben „seinen Stern aufgehen sehen" – nicht wie einen „Star" oder „Superstar" von heute, sondern indem sie in diesem „Stern" etwas von Gott gesehen, erkannt haben, das ihnen Antwort verhieß auf uralte Menschenfragen.

DAS ALTE UND DAS NEUE

Max Planck, der berühmte Physiker, kleidete ein Stück Lebenserfahrung einmal in eine denkwürdige Äußerung, welche die Grenze der „exakten Wissenschaft" aufscheinen lässt.

Neue Erkenntnisse, so äußerte er sinngemäß, setzten sich nicht durch in der Weise, dass immer mehr Fachleute sie sich aneigneten und verbreiteten. Sie kämen vielmehr in dem Maße zum Zuge, als deren Gegner nach und nach wegstürben.

Es hat überhaupt den Anschein, als sei nur das Kind, der kindliche Geist (den sich manche Erwachsene bewahren) begierig auf das Neue, auf Neues, und könne davon nicht genug kriegen.

Das ist nicht nur bei Menschen so.

Vor Jahrzehnten beobachteten japanische Forscher, wie ein junges Weibchen aus einem Trupp Rotgesichtsmakaken eine verschmutzte Süßkartoffel fand und, während sie diese spielerisch in vorbeifließendes Wasser tauchte, die Entdeckung machte, dass sie gewaschen viel besser schmeckte.

Ein beobachtender Spielgefährte ahmte sie nach. Auch die Mutter des Weibchens übernahm die Entdeckung. Ihr folgten im Lauf der Zeit andere Mütter, die das Gelernte an ihre Jungen weitergaben.

So wurde die Entdeckung allmählich zum Kulturgut der Weibchen und der Jungen, indes die alten Männchen, stolz oder stur, der Neuerung verschlossen blieben.

Vergleichbares Verhalten kennen wir aus menschlichen Sozialverbänden: Familie, Verein, Firma, Partei, Regierung, Kirche.

Weil solche Vergleiche aber ehrenrührig klingen, rührt sich Widerspruch: *Bei uns, bei Menschen stimmt es nicht, dass nur die Frauen ..., nur die Männer ..., nur die Jungen ...*

Begnügen wir uns mit einer Ähnlichkeit, die nur in der Tendenz besteht. Doch weist die Tendenz auf eine Grenze, die Menschen erfahrungsgemäß immer wieder trennt.

Auch im Glaubensverständnis.

Eine alte chassidische Erzählung weiß von einem Schüler, der eines Morgens seinen Lehrer überrascht mit der Nachricht, der Messias sei gekommen.

Der Rabbi blickt aus dem Fenster und weist die Schüler an, weiter zu lernen: „Wie kann der Messias gekommen sein, wenn nichts in der Welt neu wird!?"

Den Propheten gemäß erhofften schon die Frommen im Alten Israel eine radikale Wende in der Welt, Überwindung von Krieg und Waffenschmieden, Friede zwischen den Völkern, zwischen Mensch und Tier, Hinwendung der Völker zu Israels Gott unter dem Messias-König, Wiederherstellung des David-Königtums, des Tempels, Sammlung der Zerstreuten Israels.

Auch Jesu Jünger waren von dieser Hoffnung beseelt (Apg 1,6).

Doch der Auferstandene mutet ihnen zu, umzudenken. Die Apostelgeschichte bezeugt eindringlich, wieviel Mühe ihnen dieses Um- und Weiterdenken

machte: erst die pfingstliche Ausrüstung mit dem Gottesgeist rüstet sie dazu, „meine Zeugen zu sein in Jerusalem, Judäa, Samaria, bis ans Ende der Welt" (Apg 1,8).
Ein Messias nicht dem Buchstaben, sondern viel mehr dem Geist nach.
Ein paradoxer Messias, der keinen Krieg führt, sondern Leiden vorzieht; der die Besatzer nicht hinauswirft, sondern von ihnen gekreuzigt wird; dessen Tod nicht den Beweis seiner Anmaßung führt, sondern der von Gott selbst beglaubigt wird; der nicht nur die „verlorenen Schafe" Israels, sondern die Völker der ganzen Welt in seine Sorge nimmt.
Lukas erzählt, wie sich *Petrus* verteidigt gegen Parteigänger der jüdisch-christlichen Gemeinde, für die der Messias Jesus Israel vorbehalten ist: zielt doch schon der Begriff *Messias* auf Israel.
Petrus argumentiert, Gott habe den Hl. Geist offenkundig auch Nichtjuden verliehen, die zum Glauben an den Messias Jesus fanden – für jene Juden-christen ein Ding der Unmöglichkeit, Nonsens.
Petrus aber: „Wer bin ich, dass ich Gott hindern könnte?" (Apg 11,17)
Die Kirche der Apostel steht offenbar vor einem Phänomen, das traditionell geformter Verstand nur schwer ´verdaut`: *Christus*- (= Messias-) Gläubige, die nach der Tradition gar nicht „erwählt" sind oder sein dürften, die aber in zunehmender Zahl in neue, ´transjordanische` Gemeinden strömen.
Vor allem um *Paulus*, früheren Rabbiner und innovativsten Umdenker und Weiterdenker der Früh-Zeit, scharen sich diese "unberechtigten" Neu-Gläubigen.
Die Irritation wird so groß, dass man nach Jerusalem eine erste ´Kirchen-versammlung` einberuft, wo sich alle frühchristlichen Parteigänger um die Autoritäten, die *Apostel*, sammeln.
Christen aus der Pharisäer-Bewegung akzeptieren schließlich die Neugläubi-gen, wollen sie aber nach rabbinischer Vorschrift als Konvertiten behandeln, das heißt: zu Beschneidung und Tora verpflichtet (Apg 15,5).
Nach heftigen Debatten, in welche *Petrus*, *Paulus* und *Jakobus* involviert sind, wird quasi ein erstes Konzils-Dekret erlassen: „Der Heilige Geist und wir haben beschlossen", die ´Heidenchristen` zu entlasten: statt sich wie jüdische Konvertiten zu benehmen, sollen sie nur verpflichtet sein, wie die „Gottes-fürchtigen" Israels zu leben: keine Vielgötterei, keine Unzucht, kein Verzehr blutigen Fleisches (Apg 15,29).
Die Unruhestifter werden zurückgepfiffen: sie hätten „ohne Auftrag" heiden-christliche Gemeinden besucht, „verwirrt und verunsichert" (v 24).
Allerdings können die ´hardliner`, die allen Christen die Beobachtung der ganzen Tora auferlegen wollen, ihr Überstimmt-Sein nicht ertragen; sie sehen die Argumente der Apostel nicht ein, ihr Gottesbild ist strenger oder enger.
Weiterhin suchen sie ohne Auftrag, aus eigenem Antrieb fremde Gemeinden heim, zumal internationale *Paulus*-Gemeinden, um dort die Regelung des Konzils ab- und ihre eigene Forderung nachträglich durchzusetzen.
Die Traditionalisten erschweren dem Apostel das Missionswerk dermaßen, dass er sich von diesen „falschen Brüdern" distanziert (Gal 2,4).

Für die Gegner aber ist *Paulus* ein abgefallener Jude, ein Freigeist, Verräter an Tora, am Messias, an Gott.
Wie löst sich dieser historische Gegensatz unter Christen auf?
Dadurch, dass die Gegner des *Paulus* und des Apostelkonzils im Laufe der kommenden Jahrhunderte aussterben.

HIOBS RETTUNG

Das Hiob-Buch der Bibel ist berühmt, weit über zweitausend Jahre alt, und regte zahlreiche Dichter und Schriftsteller an. Nicht wenige haben es aufgenommen und fortgeschrieben. Ein moderner Autor könnte, nach den Erfahrungen der Kirchen-Geschichte, sich veranlasst fühlen, die Rahmenerzählung zu variieren. Hier eine Skizze.

Der Herr sprach zum Satan: Hast du auf meinen Knecht Hiob geachtet? Niemand auf der Welt steht wie er in unverbrüchlicher Treue zu mir und zur Heiligen Überlieferung. Dennoch macht er mir Sorge: sein Glaube entwickelt sich nicht, steckt andere nicht an!
Satan erwiderte: Nicht ohne Grund ist er so. Hast du ihn doch mit einem hohen Amt ausgestattet, das auch seinen Glauben erhöht und schützt und Erschütterungen von ihm fern hält!
Da sprach der Herr: Es ist nicht gut, dass der Glaube meines Knechtes allein bleibt. Lass ihm ab jetzt Hilfe in Form von Nachrichten zukommen!
Aber erhalte sein Amt!
Da ging Satan weg und sandte Boten, die Hiob die Glaubensnöte auf Erden meldeten: Rückgang der Taufen, verfallende Gemeinden, Priestermangel und Kleingläubigkeit. Doch Hiob empörten diese Meldungen. Er sagte: Das sind böse Gerüchte, ausgestreut von Glaubensfeinden, erfunden vom Widersacher, um mich und die Gläubigen zu verwirren.
Und Hiob blieb fest im Glauben und ließ keine Zweifel am gottgefügten Gang der Dinge noch an der "bewährten" Tradition zu!
Da rief der Herr Satan zu sich und sagte: Unerschütterlich wie eh und je hält mir mein Knecht die Treue; doch die Zahl meiner Gläubigen nimmt ab. Fremden Boten schenkt mein Knecht keinen Glauben. Wir müssen neu ansetzen: sieh zu, dass seine Freunde ihm berichten, was "los ist"! Auf sie muss er hören. Aber achte sein Amt!
Da ging Satan weg und nahm sieben Helfer mit, die noch durchtriebener waren als er.
Hiob aber plagten Albträume, die ihm die völlige Verdunstung des Glaubens und das Sterben der Kirche ausmalten.
Da traten seine Frau und seine Freunde zu ihm. Bewegt trugen sie ihm die Glaubensnöte, Bitten und Anregungen der restlichen Gläubigen vor; einer nach dem anderen deutete sie ihm und schlug eine Lösung vor.
Doch Satans Helfer flüsterten Hiob zu, die ganze Misere habe ihre Ursache im Abfall von Gott, von der Tradition.
Da verwies Hiob die Freunde und sagte: Geht mir aus den Augen! Ihr seid mir nicht mehr Freunde, sondern Feinde! Ich aber – was auch kommen mag – will im Leben und im Sterben treu stehen zur Überlieferung des Herrn.
Seiner Frau aber befahl er zu schweigen: der Schöpfer wolle nicht, dass sie in Sachen des Glaubens das Wort führe.
So hielt er dem Herrn die Treue; doch da sie unangefochten blieb, verlor sie immer mehr an Kraft, Wirkung und Ansehen.

Da sah der Herr ein, dass er mit Satan nicht weiter kam.
Dieser hatte um das Amt, in das der Herr den Hiob berufen hatte, einen tiefen
Graben ziehen und das Fenster gen Osten - dort leuchten am Morgenhimmel
die *Zeichen der Zeit* auf - zugemauert.
So entband der Herr Satan von seinem Auftrag.
Seines treuen Knechtes aber erbarmte er sich und versetzte ihn aus dem
Amt in eine große Stadt. Hier war Hiobs Glaube ungeschützt allen Stürmen
und Erschütterungen ausgesetzt; er wankte, fiel aber nicht.
Und der Herr stellte ihm seine himmelhohen Wege und seine liebende Sorge
selbst für die Moleküle vor Augen, sodass Hiob ganz schwindlig wurde.
Da pries Hiob den Herrn und bekannte: Im Unverstand habe ich geredet und
entschieden! Deine Wege sind zu wunderbar für mich und unbegreiflich! Vom
Hörensagen hatte ich dich gekannt; doch nun ahne ich die Wunder deiner
Wege!
Und der Herr segnete Ijobs spätere Zeit mehr als seine frühere; sein Glaube
wuchs an Kraft und Verstand, sodass die Menschen sich sehr verwunderten.

Das 2. Vatikanische Konzil eröffnete Papst *Johannes XXIII.* am 11. Oktober 1962 im Anschluss an die Messe vom Heiligen Geist in Sankt Peter mit einer bis heute denkwürdigen Ansprache an die rund 2000 versammelten "Brüder" im Bischofsamt.

Er, der früher auch Kirchengeschichte doziert hatte, wandte sich gegen jene „Unglückspropheten", die zwar „in religiösem Eifer brennen", denen jedoch der Sinn für „kluges Urteil" abgehe: in der Gegenwart der Kirche sähen sie nur Untergang und Unheil, glorifizierten aber die Vergangenheit, als sei in Dingen der christlichen Lehre und Sitte früher alles „sauber und recht zugegangen"; sie weigerten sich, aus der Geschichte zu lernen, die doch „eine Lehrmeisterin des Lebens ist".

„In der gegenwärtigen Entwicklung der menschlichen Ereignisse" müsse man - so der Papst weiter - "viel eher einen verborgenen Plan der göttlichen Vorsehung erkennen", der durch die Zeiten hindurch, durch Menschenwerk und Menschen-Programme und über sie hinaus „sein eigenes Ziel" verfolgt „und alles weise lenkt zum Heil der Kirche".

Der Papst ermuntert die Konzilsväter, „furchtlos an das Werk zu gehen, das unsere Zeit erfordert" im Blick auf Gottes Heilsplan, „der alle Menschen retten und zur Erkenntnis der Wahrheit gelangen lassen will" (1Tim 2,4).

Das geschehe nicht durch weitläufige Wiederholung traditioneller Lehren, wofür es kein Konzil brauche.

Vielmehr müsse im Dienste von Gottes Heilsplan die überlieferte Lehre der Kirche ohne Abstrich „so erforscht und ausgelegt werden, wie unsere Zeit es verlangt". Komme es dabei zu neuen Erkenntnissen und Formulierungen, solle man sich „heiter und ruhigen Gewissens" klarmachen, dass die Glaubenswahrheiten selbst zu unterscheiden sind von der Form ihrer zeitgemäßen Präsentation und Verkündigung.

Das kirchliche Lehramt sei nämlich „von Wesen vorwiegend pastoral", weshalb es ihm heute darauf ankommen müsse, seine Botschaft und Lehre lieber „ausgiebig zu erklären, als [abweichende Lehren] zu verurteilen". Das Konzil möge die katholische Kirche daher als „liebevolle, gütige und geduldige Mutter erweisen".

Im Blick auf den göttlichen Heilswillen spielte der Papst ausdrücklich auf die Einheit der Katholiken, die Einheit mit den getrennten Christen, die respektvolle Verbindung mit den Menschen nichtchristlicher Religionen an.

Die meisten Bischöfe und Theologen erkannten, dass sich diese Ansprache aus jenen grundlegenden Impulsen speiste, aus denen sich die Verkündigung des Apostels *Paulus* und die Schau des *Johannes*evangeliums nährt.

Gott selbst habe – legt *Paulus* Rechenschaft über seinen Aposteldienst ab – „uns zu Dienern des Neuen Bundes befähigt - nicht des Buchstabens, des Geistes; denn der Buchstabe tötet, der Geist macht lebendig" (2Kor 3,6).

Paulus aktualisiert hier, was er aus innerjüdischen Debatten bereits kennt, wie schon *Jesus* selbst tat, der bei Heilungstaten am Sabbat zwar das buchstäblich verstandene Sabbatgebot brach, die Heilung aber als gottgewollte Aktualisierung von Israels Befreiung aus Sklaverei durch Gott an je diese, von Dämon und Krankheit gefesselte Person verstand.

Der Geist macht lebendig: Von Gottes Geist erfährt sich die frühe Kirche getrieben und ermächtigt, hört sie doch den erhöhten Herrn sagen: „Der Geist der Wahrheit wird euch Wegweiser sein in die ganze Wahrheit" (Joh 16,13).

Dieser Geist überwindet auch konfessionelle Mauern und Gegensätze der Vergangenheit: „Es kommt die Stunde, wo ihr weder auf diesem Berg (Garizim) noch in Jerusalem dem Vater huldigen werdet, ... ja sie ist schon da, wo die wahren Gottesverehrer dem Vater huldigen in Geist und Wahrheit", erklärt Jesus der Samaritanerin (Joh 4,22f).

Die Öffnung zur Welt, wie sie die Urkirche realisierte, geschah unfreiwillig, wider Willen: *Petrus* wird von einer Traum-Vision (Tuch mit unreinen Speisen) genötigt, den Buchstaben des Gesetzes hinter sich zu lassen, das Haus des Nichtjuden *Cornelius* zu betreten, und so zu akzeptieren, dass Gottes Geist auch die Völker der Welt ergreifen will (Apg 10).

Wider Willen beugt sich die Urkirche dem Willen des Gottesgeistes für die Aufnahme von nichtjüdischen Gläubigen: *„Der Heilige Geist* und wir haben beschlossen" (Apg 15,28).

Ereignisse und Beschlüsse des 2. Vatikanischen Konzils laufen quasi parallel. Es ist die moderne Geschichte, darin das in den „Zeichen der Zeit" lesbare, menschliches Planen und Vorstellen übersteigende Walten des göttlichen Heilsplanes und seines Geistes, durch die der Papst sich zur Einberufung des Konzils belehrt und genötigt sieht.

Überrascht stellen die Konzilsbischöfe fest, dass „der Geist Christi sich gewürdigt" hat, auch die von Rom getrennten Kirchen und Gemeinschaften „als Mittel des Heiles zu gebrauchen", da deren Glieder durch Glaube und Taufe „in Christus eingegliedert" sind und darum als „Brüder [und Schwestern] im Herrn" erkannt werden müssen (Ökumenismus-Dekret Nr.3), mit der Folge, dass ökumenische Zusammenarbeit mit Suche nach Einheit, gestern noch verworfen, sich heute als geistliche Pflicht zeigt.

Weiter anerkennt das Konzil, dass Christus durch seinen Geist, der weht, wo er will (Joh 3,8), nicht nur exklusiv in den Grenzen der eigenen Kirche, vielmehr auch in den Herzen aller Menschen wirkt, "in allen selbstlosen Bestrebungen", Leben und Welt „humaner zu gestalten" (Konst. Die Kirche in der Welt von heute Nr. 38), sodass der alte Satz „Außerhalb der (römisch-katholischen) Kirche kein Heil" vom Gottesgeist selbst relativiert wird.

Diese Einsichten entsprangen keinem kirchenpolitischen Programm, auf sie war kein Teilnehmer vorbereitet.

Früher dachte man anders, kleiner, enger, ängstlicher. Für das Konzil galt: Weil der Heilige Geist es so beschlossen hat, beschließen auch wir ...

Damit wird auch klar, wer die Einheit der Kirche des Konzils mit der "vorkonziliaren" Kirche verbürgt: der Gottesgeist selbst, der eine Kontinuität weniger des Buchstabens als des Geistes schafft.

KANN KÜNSTLICHE INTELLIGENZ AUCH BETEN ?

Seit langem lebt eine Mehrheit von Zeitgenossen in der Überzeugung, wir seien aus dem Altertum des Glaubens in die Neuzeit des Wissens eingerückt. Diese Welt des soliden, beweisbaren Wissens expandiere seit dem ´Urknall` mit Forschern wie *Galilei, Newton, Kant* unaufhörlich, um alles bislang Geglaubte zu erfassen und aufzuklären.
Den neuesten Beleg dafür sehen sie - schon seit Jahrzehnten - in der Entwicklung und Vollendung der Künstlichen Intelligenz.
Die Stimmen mehren sich, die diese beeindruckende technische Entwicklung - schon vor Jahrzehnten von der *Science-fiction*-Literatur ausgemalt - inzwischen auch für die Erfindung sowie Abhaltung von Gebeten und Predigten vorschlagen, ja bereits ausprobieren.
Viele Menschen hängen an dem, was sie "nach reiflicher Überlegung" selbst vorschlagen, und ruhen nicht, ehe ihr Vorschlag ausprobiert wird und ihnen den Ausruf entlockt: "Es geht (doch)!"
Tatsächlich geht oft mehr, als man sich vorgestellt hatte, und erzeugt den Ausruf: Das ist ja unglaublich!
Die Befriedigung ist verständlich, denn Entdeckungen halfen und helfen oft genug, einen irrigen Einsatz des *Glaubens* zu erkennen und zu korrigieren.
Tatsächlich ist aber der Sachverhalt komplexer, sogar geheimnishafter, als man denkt, *weil die Welt tiefer ist*, als man ahnt.

Versuchen wir, uns klarzumachen, was und wer wir Menschen als *personale* Wesen sind.

Dazu diene beispielhaft folgender formalisierter Gedankengang:

Ich denke an etwas (Stuhl, Auto) oder an jemanden (Kollegin, Freund).

Was oder wen ich *an*denke, ist ein Gedanke g. g f (x) [x = Stuhl, Mensch]. Der Gedanke g kann natürlich auch etwas Erkanntes, Erinnertes sein (zB Name einer Person; eine Multiplikation $3 \times 7 = 21$) oder Entdecktes (die Kanarischen Inseln sind vulkanischen Ursprungs / Auch der Mensch ist ein Produkt der Evolution). Doch immer gilt: $g \neq x$, vielmehr $g = f(x)$!

Ich kann diese und andere Erkenntnisse zusammenfassen als mein Wissen. Mein Wissen besteht aus *n* Erkenntnissen, die, allgemeiner gesagt, *n* Gedanken sind.

Mein Wissen kann ich formal zunächst als *Folge* darstellen: $f(x_1 \, x_2 \, x_3 \ldots x_n)$

Jedem x entspricht ein Gedanke g: $g = f(x)$.

Ich kann meine Erkenntnisse auch summieren. Ihre formale Abbildung wäre eine *Reihe* $f(x_1 + x_2 + x_3 + \ldots x_n)$. Diese Reihe enthält (im Gedankenspiel) z.B. alle Kenntnisse über die Geschichte Europas, mehr noch alle kosmologischen, paläontologischen, chemischen, hirnphysiologischen, psychologischen Erkenntnisse über die Entstehung des *Homo sapiens*, einschließlich (zugespitzt) aller Ursachen, Bedingungen, Umstände und Bausteine, die zu mir, zu meiner Existenz, geführt haben.

Jeweils ist $g_1 f(x_1) + g_2 f(x_2) + g_3 f(x_3) + \dots g_n f(x_n)$.

Dann kann ich all diese Erkenntnisse darstellen als riesige, aber *endliche* Reihe: $g_1 + g_2 + g_3 + \dots g_n$.

Ich nenne diese Reihe die Summe aller Erkenntnisse, die mich ausmachen: meine Entstehung, meine Teile und Bausteine.

Aber mein Gedanke oder meine Erkenntnis, womit ich diese Summe aller Erkenntnisse über mich denke, ist *kein Teil* dieser Summe. Vielmehr verhält sich der Gedanke, der die Summe aller Gedanken (Erkenntnisse), die mich betreffen, bedenkt, wie *n + 1* zu *n* Erkenntnissen. Bedenke ich alle Elemente, die mich ausmachen, ist dieses Bedenken – dieser Gedanke – *kein* Element der Summe meines Wissens: $g_{n+1} = f(g_1 + g_2 + g_3 + \dots g_n)$.

Die Summe aller Erkenntnisse enthält nicht den Gedanken bzw. die Erkenntnis, welche die Summe erkennt (wie auch zB die Summe kein Summand ist).

Würde sie sie enthalten, wäre $g = x$, und $g \neq x$ bzw $g = f(x)$ wäre aufgehoben.

Der menschliche Geist enthält daher einen *Mehrwert*, einen nicht-objektivierbaren *Rest* bzw eine Art *Transzendenz* über alles innerweltlich Erkennbare.

Demgegenüber hat eine intelligente Maschine keinen Abstand zu sich selbst - keinen *wissenden* Abstand zu sich selbst, einen Abstand, wie er sich in einer beliebigen Formel, die Gegenstände und deren Relationen zeichenhaft darstellt, als wissende und gewusste und herrschende Beziehung repräsentiert.

Auch die derzeit viel beredete Künstliche Intelligenz (KI) kann zunächst nichts wissen, was sie nicht als Grundlage oder als Programm hat.

Und sie hat zweitens *keinen wissenden Abstand* zur Menge bzw. Summe ihrer Algorithmen und Informationen.

Möglicherweise entdeckt sie ´sich` einmal als Apparat, aber ohne *sich als* Apparat *véritablement* zu erkennen.

Damit würde auch ihre ´Selbstprogrammierung` begrenzt, das heißt, ein im Grunde auf das ´Handwerk` begrenzte Übung sein.

Künstliche Intelligenz (KI) kann daher auch *nicht beten*. Sie kann zwar intelligente Gebetstücke aus Vorlagen kombinieren. Aber sie kann nicht *sich selbst als* ein wissend-wollendes *Subjekt* und *Träger* des Betens einbringen.

Jedes Subjekt hat einen *wissenden Abstand zu sich* selbst, einen Abstand, der um sich selber wissende *Freiheit* ist.

Jede Intelligenz, die selbständig betet (mit und ohne gelernte Worte), sich Gebetszeiten sucht, die sich Schweige- und Selbstfindungszeiten sucht, ist keine Maschine, sondern ein personales Subjekt.

Ähnliches gilt für Vorschläge, in Zukunft KI für Gottesdienste einzusetzen, sie

Predigten ausarbeiten und, im nächsten Anlauf, halten zu lassen, sodass ein amtlicher, vielleicht gerade indisponierter Prediger oder eine langweilige Predigerin (etwa im Fernsehen) entbehrlich würde.

Es gibt ja auch gläubig engagierte, Einsicht und Überzeugung vermittelnde Prediger, Predigerinnen, auf welche eine gläubige Gemeinde wartet, um sich ernstgenommen, ja gesendet zu verstehen.

Aber auch der raffinierteste, "gigantischste" Computer mit allen ihm eingegebenen Programmen, Applikationen, Selbstregulierungsmechanismen kann nicht mutieren zu einem Wesen, das sich selbst als ganzes in Frage stellen und sich selbst in Freiheit gegenüberstehen könnte.

Auch hier bewährt sich das uralte, vom spätantiken Denker *Boëthius* zitierte Axiom der Erkenntnisphilosophie *Quidquid recipitur, secundum modum recipientis recipitur* - "was immer aufgenommen/angeeignet wird, wird nach Art des Empfangenden/Aneignenden aufgenommen".

KI glaubt nicht und wird nie glauben lernen, wenn wir Glauben gemäß biblischem Verständnis als *Vertrauen,* als *vertrauende, sich anvertrauende Existenz* verstehen.

Ansprachen, die mehr sind als - intelligent reproduziertes - Wortgeklingel, erwachsen aus dem Fundus einer *Person*, eines personalen *Subjektes*, das sich im Durchgang durch die Welt - statt auf ein Programm - vertrauend auf *Gott*, Anfang und Ende aller Dinge, bezieht.

KLAPPENTEXT :

Ist der Mensch nur ein „Zigeuner am Rande des Universums, das für seine Musik taub ist und gleichgültig gegen seine Hoffnungen, Leiden oder Verbrechen", wie ein Forscher einmal bilanzierte? Oder hat ein Mensch vielleicht früh - oder in späteren Jahren - ein so abgründig-frohmachendes JA zu sich, zu seiner Person erfahren, dass er sein Leben lang braucht, um dieses JA zu ihm zu erkennen, zu erspüren, sich bewusst zu machen und auszubuchstabieren, bis es ihm die Frohe Botschaft seines Lebens wird?

Die meditativen Texte dieser Sammlung könnten sich als Übersetzungshilfe erweisen.

Printed by Books on Demand GmbH, Norderstedt / Germany